Was weiß der Geier?

Bernd Brucker

Was weiß der Geier?

Bedeutung und Herkunft von Redewendungen

Bassermann

Der Text dieses Buches entspricht den Regeln der neuen deutschen
Rechtschreibung.

ISBN 978-3-8094-2188-7

© 2007 by Bassermann Verlag, einem Unternehmen der Verlagsgruppe
Random House GmbH, 81673 München

Umschlaggestaltung: Atelier Versen, Bad Aibling
Konzeption, Layout, Umsetzung: Medienagentur Gerald Drews,
Augsburg

Satz: Medienagentur Gerald Drews, Augsburg
Druck und Bindung: Tesinska tiskarna, a. s., Cesky Tesin

Printed in the Czech Republic

817 2635 4453 6271

Inhalt

Vorwort

Wenn man von den Mysterien der deutschen Sprache spricht, dann gehören mit Sicherheit all jene Begriffe dazu, deren Bedeutung man zwar in aller Regel kennt, von denen jedoch die wenigsten wissen, welchen Ursprung sie haben.

Eines der erstaunlichsten Beispiele ist das Wort „okay", das aus dem Englischen eingedeutscht wurde und als das weltweit bekannteste Wort überhaupt gilt.

Nun, man weiß wohl, dass es sich um eine Abkürzung handelt – gebräuchlich ist der Ausdruck schließlich auch in der abgekürzten Form „o.k." –, aber was genau sich hinter dieser Abkürzung verbirgt, darüber können selbst die Sprachwissenschaftler nur spekulieren, und so darf es denn auch nicht weiter verwundern, dass es eine ganze Reihe von Erklärungsversuchen gibt. Manche davon klingen plausibel, andere sind wohl eher an den Haaren herbeigezogen.

Ähnliches gilt auch für eine Vielzahl von Redewendungen, die zu Tausenden – und daneben gibt es noch einmal so viele Varianten – unsere Sprache bereichern. Auf der einen Seite gibt es sehr einfache sprachliche Bilder, deren Erklärung auf der Hand liegt. So schweigt man etwa wie ein Grab, ist scheu wie ein Reh oder hungrig wie ein Bär. Diese einfachen Vergleiche sind hier nicht das Thema.

Viel interessanter sind die echten Rätsel: Warum etwa macht man blau, wenn man unentschuldigt bei der Arbeit oder in der Schule fehlt? Warum hat man einen Kater, wenn man tags zuvor zu viel getrunken hat? Warum wird es höchste Eisenbahn, wenn man schon spät dran ist?

Das Schöne an diesen Fragen ist, dass man oft in die Irre geführt wird, wenn man versucht, eine logische

Antwort darauf zu finden, und genau das ist auch die Crux an der Sache: Die deutsche Sprache mag die Sprache großer Dichter und Denker sein, hervorragend dazu geeignet, um philosophische Sachverhalte auf den Punkt zu bringen, aber sie ist – und das verbindet sie mit anderen gesprochenen Sprachen – keineswegs immer logisch.

Auf den folgenden Seiten können Sie sich anhand der exemplarisch ausgewählten Begriffe und Redewendungen selbst davon überzeugen. Vielleicht dürfte Ihnen das Geheimnis der ein oder anderen Redewendung bereits bekannt sein, aber mit Sicherheit werden Sie auch manche Überraschung erleben. Hauptanliegen dieses Buches ist es nicht, Sie, liebe Leser, mit pädagogisch erhobenem Zeigefinger vor diversen sprachlichen Stolpersteinen zu bewahren. Vielmehr geht es darum, Ihnen mit einem kurzen Blick auf einige der amüsantesten Wörter und Redewendungen ein paar heitere Stunden zu bereiten, und vielleicht erhalten Sie eines Tages sogar die Chance, mit einigen Erklärungen, seien es die richtigen oder Ihre eigenen, vor einer Schar staunender Zuhörer zu glänzen.

In diesem Sinne viel Vergnügen wünscht Ihnen

Bernd Brucker

Tierisch gut

Besonders am Herzen liegen uns Menschen neben unseren eigenen Artgenossen ohne Zweifel die Tiere, was sich nicht nur dadurch ausdrückt, dass wir manche von ihnen zum Fressen gern haben. Schon früh erkannte man, dass sie uns nicht nur überaus nützlich sind, sondern darüber hinaus auch sehr ähnlich. So gibt es beinahe kein menschliches Verhalten, das nicht auch im Tierreich zu finden wäre. Man muss nur lange und genau genug hinsehen, und es findet sich immer wieder jemand, dem diese Beobachtungen ein erfülltes Leben bescheren. So ergab es sich dann im Laufe der Zeit, dass sehr vielen Tieren menschliche Eigenschaften zugeordnet wurden – und auch umgekehrt.

Viele Redewendungen haben genau hierin ihren Ursprung: Es sind oft Vergleiche mit tierischem Verhalten, und zwar einem prägnanten Verhaltensmerkmal, das genau einem Tier zugeordnet wird. So hat man beispielsweise ein Löwenherz, weil man genauso mutig ist wie der König der Tiere, ist ein eitler Pfau oder eine dumme Kuh, wobei nicht entscheidend ist, ob man den entsprechenden Tieren die ihnen zugeschriebenen Eigenschaften zu Recht unterstellt.

Es sind aber nicht nur geläufig gewordene Vergleiche, aus denen Redewendungen abgeleitet wurden. Als Quelle kommt alles in Betracht, was der Mensch mit seinen nächsten Verwandten anstellt.

Dem Affen Zucker geben

Wer seinem Affen Zucker gibt, der gibt einer Marotte nach, frönt seiner Leidenschaft, und zwar völlig ungehemmt. „Endlich hatte er Leute um sich, die

ihn verstanden. Hier konnte er seinem Affen Zucker
geben."
Früher besaßen insbesondere Scherenschleifer und
Leierkastenspieler oft ein kleines Äffchen, das sie auf
ihrer Schulter trugen. Während sie ihrer Tätigkeit
nachgingen, vollführte das Äffchen allerlei Kapriolen,
was zur Belustigung der Kundschaft diente. Eine
Art der Kundenbindungsmaßnahme sozusagen.
Mit einem Stück Zucker konnte das Tier bei Laune
gehalten werden.

Jemandem einen Bären aufbinden

Wer einem anderen einen Bären aufbinden möchte,
der hat vor, denjenigen hinters Licht zu führen, anzu-
lügen oder wenigstens anzuflunkern. Früher kannte
man auch noch die Wendung „jemandem einen
Bären anbinden".
Das Bild mit dem aufgebundenen Bären lässt sich
wohl darauf zurückführen, dass es beinahe ein Ding
der Unmöglichkeit ist, jemandem einen Bären auf
den Rücken beziehungsweise an den Arm zu bin-
den, ohne dass dieser etwas mitbekommt. Genau
in diesem Sinne wird die Wendung auch meistens
gebraucht. „Das kannst du vielleicht deiner Oma
erzählen! Ich lass' mir doch von dir keinen Bären
aufbinden."
Eine andere Geschichte erklärt die Herkunft dieser
Redewendung etwas anders: Eine besondere Herausforderung für alle Jäger früherer Zeiten war es,
einen Bären zu erlegen, aber da Bären nicht nur sehr
gefährliche, sondern meistens auch noch überaus
scheue Tiere sind, hatten die wenigsten Jäger Erfolg
auf der Bärenjagd. Um nun aber nicht als Versager

dazustehen, erzählten sie einfach die abenteuer-
lichsten Geschichten von ihrer letztendlich doch
erfolgreichen Jagd. Je größer die Lüge, je abenteu-
erlicher die Geschichte, desto leichter wurde sie
geglaubt. Nur ganz kritische Zeitgenossen behielten
den Durchblick: „Vielleicht hast du ja ein Kaninchen
geschossen, aber einen Bären kannst du mir nicht
aufbinden."
Mit Sicherheit ist die perfekte Beherrschung des
Jägerlatein noch heute eine gute Voraussetzung,
seinen Mitmenschen den einen oder anderen Bären
aufzubinden – vermutlich die Absicht des Erfinders
dieser Jagdgeschichte.

Jemandem einen Bärendienst erweisen

Der Bärendienst ist etwas gut Gemeintes, das aber
demjenigen, der davon profitieren sollte, schadet.
„Mit diesem Auftrag haben Sie unserer Firma einen
Bärendienst erwiesen. Wir müssen jetzt zusehen,
wie wir da wieder rauskommen."
Die Wendung geht auf Jean de La Fontaines Fabel
„Der Bär und der Gartenliebhaber" zurück. Darin
erschlägt der Bär eine Fliege, die sich auf der Nasen-
spitze seines Freundes niedergelassen hat, mit einem
Stein. Ohne Zweifel gut gemeint: Die Fliege ist tatsächlich tot, der Gartenfreund aber leider auch.
Einen Bärendienst kann man übrigens nicht nur
einem anderen, sondern häufig auch sich selbst
erweisen: „Mit dieser Abkürzung haben wir uns
einen Bärendienst erwiesen. Wir haben uns nicht
nur verfahren. Das Auto ist auch noch kaputt."

(Keinen) Bock (auf etwas) haben

Bock auf etwas haben bedeutet, Lust haben, etwas Bestimmtes zu tun. „Ich hätte heute Bock, ins Kino zu gehen."

Dass der mit der Lust in Verbindung gebracht wird, ist wahrscheinlich auf Redewendungen wie „geil wie ein Bock sein" zurückzuführen, wobei die Bedeutung „Wollust" verallgemeinert wurde zu Lust im Sinne von „Freude an etwas haben".

Seit den 1980er Jahren existiert auch die Wendung „null Bock", was ursprünglich in etwa bedeutete: keine Lust auf gar nichts – angeblich die Lebenseinstellung einer ganzen Generation, der so genannten „Null-Bock-Generation".

Im heutigen Sprachgebrauch bedeutet „null Bock" nur noch soviel wie „keinen Bock", und nicht mehr die allumfassende Ablehnung von allem. Erwähnenswert bleibt, dass die Redewendung, die früher ausschließlich in der Jugendsprache beheimatet war, quasi gemeinsam mit der Null-Bock-Generation erwachsen geworden ist und im Laufe der Zeit Eingang in die Alltagssprache gefunden hat. Die weitere Entwicklung bleibt abzuwarten.

Den Bock zum Gärtner machen

Den Bock zum Gärtner zu machen bedeutet, jemanden unwissentlich mit einer Aufgabe zu betrauen, für die er objektiv völlig ungeeignet ist. „Ausgerechnet Herrn Meier zum Finanzminister zu machen, hieße den Bock zum Gärtner zu machen. Jeder weiß doch, dass das Rechnen schon in der Schule nicht seine Stärke war."

Auch der Bock als Gärtner würde seine Aufgabe nicht gut erledigen. Er würde die Pflanzen eher auffressen als sie zu hegen.

Einen Bock schießen

Ursprünglich hatte derjenige, der einen Bock geschossen hatte, tatsächlich geschossen, und zwar sehr schlecht. In Schützenvereinen erhielt der schlechteste Schütze einen Bock als Trostpreis, was ihm den Spott seiner Kameraden einbrachte und wohl auch manch scherzhafte Bemerkung der Art: „Da hast du mal wieder einen Bock geschossen." Wahrscheinlich ist es der großen Beliebtheit der Schützenvereine zu verdanken, dass der geschossene Bock zu einer feststehenden Redewendung geworden ist, die besagt, dass jemandem ein peinlicher Fehler unterlaufen ist.

Eulen nach Athen tragen

Wer sich aufmacht, Eulen nach Athen zu tragen, der ist im Begriff, etwas Überflüssiges zu tun. „Ihm die Grundregeln des Schach erklären zu wollen, bedeutet Eulen nach Athen tragen. Er ist der amtierende Schachweltmeister."
Die Redensart geht auf den griechischen Dichter Aristophanes zurück, der in seiner Komödie „Die Vögel" in einem Vers bemerkt, an Eulen werde es in der Stadt nie mangeln. Er meinte damit nicht die Vögel, die rund um Athen sehr verbreitet sind, sondern die Silbermünzen, auf denen eine Eule abgebildet war. Aristophanes hielt es also für überflüssig,

Geld — konkret sind wohl die Steuern gemeint — ins reiche Athen zu schicken. Die Eule ziert heute auch die griechischen Euromünzen.

Weder Fisch noch Fleisch sein

Die Wendung „weder Fisch noch Fleisch" besagt, das sich etwas nicht näher einordnen oder bestimmen lässt. Sie wird jedoch oft in einem etwas anderen, nicht ganz richtigen Zusammenhang gebraucht, nämlich um auszudrücken, dass etwas völlig wertlos ist. „Das ist weder Fisch noch Fleisch, das ist gar nichts." Dieser etwas seltsam anmutende Vergleich ist bereits seit dem frühen 16. Jahrhundert belegt und wird in Verbindung gebracht mit der Kirchenvorschrift, am Freitag kein Fleisch zu essen. Fisch dagegen galt — und gilt vielerorts bis heute — nicht als Fleisch.

Die Flöhe husten hören

Die Flöhe hört derjenige husten, der eine negative Entwicklung selbst dann vorausahnt, wenn es überhaupt keine Anzeichen dafür gibt. „Nur weil du ein leichtes Zucken in der Schulter hast, musst du nicht gleich die Flöhe husten hören. Es wird schon nichts Ernsthaftes sein."
Das Bild der hustenden Flöhe ist bereits seit dem 16. Jahrhundert verbreitet. Der Floh steht hier für etwas sehr Kleines. Wenn er überhaupt hustet, so die Vorstellung dahinter, dann höchstens sehr leise. Wer glaubt, dieses Husten hören zu können, der unterliegt leicht einer Täuschung.

Frosch im Hals

Eine belegte Stimme, vorübergehende Heiserkeit oder einfach das Gefühl, einen Kloß im Hals zu haben: Dies alles sind typische Anzeichen für den Frosch im Hals, der seinen Namen der so genannten „Froschgeschwulst" oder „Ranula" verdankt, einer Zyste unter der Zunge, die gewisse Ähnlichkeit mit einem Frosch besitzt.

Weiß der Geier

„Weiß der Geier, wie der Hundehaufen auf den Bürgersteig kommt. Ich weiß es auf jeden Fall nicht." Der Geier steht hier vermutlich ebenso wie in den Verwünschungsformeln „Hol's der Geier!" beziehungsweise „Hol' dich der Geier!" verhüllend für den Teufel – und der weiß ja bekanntlich sehr viel. Schon früh hatten die Geier als Aasfresser einen sehr schlechten Ruf.

Mein Name ist Hase

„Mein Name ist Hase, ich weiß von nichts." Ein passender Spruch immer dann, wenn man sich möglichst elegant aus der Affäre ziehen möchte. Oftmals bekommt man ihn von denjenigen zu hören, die in Wirklichkeit sehr genau Bescheid wissen.
So vermutlich auch der Urheber dieser Fügung, ein gewisser Viktor von Hase, seines Zeichens Jurastudent, der 1843 angeklagt war, einem Kommilitonen Fluchthilfe geleistet zu haben. Zu Verhandlungsbeginn machte er jene berühmte Aussage: „Mein Name ist

Hase; ich verneine die Gegenfragen; ich weiß von nichts." Die Verkürzung in der heute noch bekannten Form wurde schnell zum geflügelten Wort.

Da lachen ja die Hühner

Die Hühner lachen immer dann, wenn etwas besonders lächerlich oder unsinnig ist: „Was? Du willst ein guter Schachspieler sein? Da lachen ja die Hühner!" Warum sie allerdings lachen und worüber genau, bleibt reine Spekulation. Die Redewendung wird damit erklärt, dass Hühner in der Vorstellung der Menschen sehr dumme Tiere sind, und wenn etwas so dumm ist, dass sogar die Hühner sich darüber amüsieren, dann will das schon etwas heißen. Jedenfalls ist es für denjenigen, der von den Hühnern ausgelacht wird, nicht eben schmeichelhaft.

Auf den Hund kommen

Ist man auf den Hund gekommen, dann hat man abgewirtschaftet; man ist heruntergekommen – in aller Regel finanziell.
Was ausgerechnet Hunde mit Armut zu tun haben, ist allerdings fraglich. Möglicherweise ist die Redewendung darauf zurückzuführen, dass früher oft ein bissiger Hund auf den Boden von Geldkassetten gemalt wurde, als Wächter sozusagen, um den Inhalt zu beschützen. Gingen die Vorräte in der Truhe zur Neige, dann war man auf den Hund gekommen.
Eine andere Deutung kommt zu dem Schluss, dass echte Hunde eine Rolle gespielt haben könnten. So gab es neben Pferde-, Rinder- und Eselfuhrwerken

auch noch Hundefuhrwerke – die unterste Stufe im Transportwesen sozusagen, und wer sich nichts anderes leisten konnte, der war im wahrsten Sinne des Wortes auf den Hund gekommen.

Diese Theorie klingt sehr einleuchtend, insbesondere dann, wenn man berücksichtigt, dass die Redewendung noch eine zusätzliche Bedeutung hat, die heute mehr oder weniger scherzhaft verwendet wird. „Paul ist auf den Hund gekommen, genauer gesagt auf den Pudel." Man bringt damit zum Ausdruck, dass sich jemand einen Hund angeschafft hat.

Einen Kater haben

Die Bezeichnung „Kater" – der medizinische Fachausdruck ist übrigens das aus dem Griechischen stammende Wort „Veisalgia" – für das Leiden nach übermäßigem Alkoholgenuss am Vortag beziehungsweise Vorabend war zuerst in Leipziger Studentenkreisen verbreitet, vermutlich wegen eines Bieres, das „Kater" hieß und nach dessen Genuss sich am darauffolgenden Tag jenes typische „Kratzen im Kopf" einstellte.

Noch vor dem „Kater" war der Begriff „Katzenjammer" auch für jenes alkoholbedingte Unwohlsein gebräuchlich.

Mitverantwortlich dafür, dass der Begriff sich letztendlich durchgesetzt hat, dürfte auch seine lautliche Nähe zum „Katarrh" sein, auch „Schnupfen" genannt, der bekanntlich ähnliche Symptome verursachen kann. Wenigstens läuft einem beim Kater nicht die Nase, die Kopfschmerzen sind wohl schon Strafe genug!

Da beißt sich die Katze
in den Schwanz

Wenn sich die Katze in den Schwanz beißt, bedeutet dies nichts Gutes, denn damit wird zum Ausdruck gebracht, dass man sich in einem so genannten „Circulus vitiosus", einem Teufelskreis befindet, der bei näherer Betrachtung eigentlich überhaupt kein Kreis ist, sondern eine Abwärtsspirale. Zumindest geht es mit demjenigen bergab, der in einen solchen Teufelskreis gerät, denn das Teuflische daran ist gerade, dass es kein Entkommen gibt. „Wenn wir keinen Gewinn erzielen, können wir nicht investieren, und ohne Investitionen geraten wir gegenüber der Konkurrenz immer mehr ins Hintertreffen, aus dem wir vielleicht nicht mehr entkommen. Da beißt sich die Katze in den Schwanz."

Woher das Bild der sich in den Schwanz beißenden Katze für den Teufelskreis stammt, liegt gänzlich im Dunklen. Fest steht nur, dass die Katze zu verschiedenen Zeiten und in unterschiedlichen Kulturkreisen unterschiedlich gesehen wurde.

Im Mittelalter sah man sie als Schülerin des Teufels, wenngleich auch als sehr nützliche, denn sie fing Mäuse und Ratten, und möglicherweise liegt hier der Schlüssel: Katzen sind im Allgemeinen sehr beweglich und gelten als verspielt. Eine Katze, die sich darum bemüht, ihren eigenen Schwanz zu fangen – wenn man Katzen beim Spielen zusieht, entsteht oft genau dieser Eindruck – kommt ihrer Aufgabe, dem Mausen, nicht nach. Und es kann ja wohl kaum etwas Gutes sein, wenn die Mäuse dann „freien Lauf" haben!

Für die Katz

Für die Katz ist ein Aufwand, den man sich hätte
sparen können, die „vergebene Liebesmüh". „Wir
haben so hart trainiert – alles nutzlos, alles für die
Katz! Wir haben trotzdem verloren."
Die Wendung bezieht sich wohl darauf, dass die Katzen das zu fressen bekamen – und manchmal immer
noch bekommen –, was vom Essen übrig blieb. Die
Mühe der Zubereitung hätte man sich, was diese
Reste betrifft, also getrost sparen können.

Am Katzentisch sitzen

Am Katzentisch zu sitzen ist im Allgemeinen nicht
erstrebenswert, denn es handelt sich dabei um
einen schlechten Platz, um einen Tisch, der an einer
ungünstigen Position steht, etwa neben der Toilette
oder in einem abgelegenen Winkel des Restaurants.
Der Katzentisch wird den unliebsameren Gästen
zugewiesen oder jenen, deren soziale Stellung nicht
so hoch ist.
Früher war es üblich, dass Kinder an den Katzentisch gesetzt wurden, um die Tischrunde der
Erwachsenen nicht zu stören.
Heute wird der Katzentisch auch im übertragenen
Sinne verwendet für eine Position ohne Einfluss
in einer Gesellschaft, einem Unternehmen, einer
Partei, einem Verein. „Er ist zwar Ehrenvorsitzender
unserer Partei, aber zu sagen hat er nichts mehr. Sie
haben ihn an den Katzentisch abgeschoben."
Der Ursprung dieses Begriffs geht möglicherweise
bis in die Antike zurück. Leute, die etwas auf sich
hielten, speisten nicht nur selbst vornehm an einer

Tafel. Auch für die geliebten Haustiere wurden kleine Tische angefertigt, an denen sie der Etikette entsprechend gefüttert wurden.

Krokodilstränen weinen

Krokodilstränen weint derjenige, der falsches Mitleid heuchelt. „Ihre Krokodilstränen können Sie sich sparen. In Wirklichkeit kommt Ihnen dieses Unglück doch wie gerufen."

Dieser Redewendung liegt die Beobachtung zugrunde, dass einem Krokodil Tränen in die Augen schießen, wenn es seine Beute verschlingt. Daraus entwickelte sich bereits in der Antike die Fabel, dass das Krokodil weint – was oft als ein Zeichen von Traurigkeit gedeutet wird –, um seine Beute anzulocken, unter anderem auch kleine Kinder. Man sollte also niemals auf die falschen Tränen des Krokodils hereinfallen.

Später wurden die Tränen des Krokodils auch anders gedeutet, nämlich als gespieltes Mitleid, nachdem es seine „Opfer" getötet hat, um von sich als „Täter" abzulenken. In diesem Sinn wurde die Wendung lange Zeit gebraucht. Krokodilstränen weinte einer, um einen Mord zu vertuschen. Wer Trauer empfindet, kann schließlich nichts mit der Sache zu tun haben.

Die Kuh vom Eis holen

Wer sich daran macht, eine Kuh vom Eis zu holen, der wagt einen Balanceakt, ein schwieriges Unterfangen. „Nach langen Bemühungen ist es endlich gelungen, die

Kuh vom Eis zu holen. Der Fusion der beiden Unternehmen steht nun nichts mehr im Wege."

Die Redewendung geht vermutlich auf den bäuerlichen Alltag zurück. Es ist nicht nur im übertragenen Sinne schwierig, die Kuh vom Eis zu holen, sondern ebenso in der Realität. Bleibt nur noch die Frage zu klären, wie die Kuh überhaupt aufs Eis geraten konnte.

Eine heilige Kuh schlachten

Eine heilige Kuh ist etwas Unantastbares, ein selbst auferlegtes Tabu. Man schlachtet sie nur dann, wenn es nicht anders geht. „Die beteiligten Parteien müssen endlich ihre heiligen Kühe schlachten, damit sie in der Sache vorankommen."

Die Redewendung geht darauf zurück, dass die Kühe bei den Hindus als heilige Tiere gelten und als solche unantastbar sind.

Das geht auf keine Kuhhaut

In manchen Gegenden wird die berühmte Kuhhaut heutzutage bei allen möglichen Gelegenheiten zitiert, meist als Ausdruck des Ärgers, aber auch des Erstaunens: „Was er sich da wieder geleistet hat, das geht auf keine Kuhhaut."

Als Ausdruck des Erstaunens musste die Kuhhaut in früheren Zeiten noch nicht herhalten, der Gebrauch der Redewendung war sehr viel spezieller. Im Mittelalter hatten die Menschen die Vorstellung, dass der Teufel ihre Sünden auf Pergament – üblicherweise hergestellt aus Häuten von Schafen oder Kälbern – schrieb. Bei richtigen Schurken oder Gaunern reichte nicht einmal mehr die größte Schreibfläche (die Kuhhaut) aus, um alle Übeltaten zu notieren. „Was du alles ausgefressen hast, das geht auf keine Kuhhaut!" Wer diesen Satz zu hören bekam, war sozusagen böser als der Teufel erlaubt.

Arm wie eine Kirchenmaus

Unter allen Mäusen sind die Kirchenmäuse tatsächlich die ärmsten, denn da es in Kirchen traditionell keine Speisekammer und auch sonst nichts Essbares gibt, müssen sie hungern – oder sich eine andere Bleibe suchen.
Die sprichwörtlich arme Kirchenmaus gibt es übrigens nicht nur im deutschen Sprachraum, sondern auch noch in anderen Ländern, beispielsweise in Frankreich.

Da beißt die Maus keinen Faden ab

Wenn die Maus keinen Faden abbeißt, heißt das, dass etwas sicher ist, definitiv feststeht. Daran lässt sich nicht mehr rütteln. „Da beißt die Maus keinen Faden ab, Sie haben diese Wahl verloren."
Dass Mäuse als Nagetiere beinahe alles durchknabbern, was sie zwischen ihre Zähne bekommen, steht außer Frage. Nicht so die Bedeutung dieser Redewendung, für die es eine ganze Reihe von Erklärungsversuchen gibt. So soll die Wendung beispielsweise auf eine Fabel zurückgehen, in der die Maus einen gefesselten Löwen befreit, indem sie den Strick durchnagt, durch den er gefangen ist. Ein anderer Ansatz kommt zu dem Schluss, dass ein

alter Brauch dahinter steht: Winterarbeiten – dazu gehörte die Spinnerei – durften ab Frühlingsanfang nicht mehr verrichtet werden. Wer doch Fäden spann, der riskierte, dass sich Mäuse darüber hermachten. Am einleuchtendsten ist aber die Erklärung, wonach es sich um einen Spruch der Schneider handelte, die ihrer Kundschaft versicherten, der teure Stoff sei bei ihnen in guten Händen, also sicher vor Mäusen und anderen Gefahren.

Aus einer Mücke einen Elefanten machen

Aus einer Mücke einen Elefanten zu machen bedeutet, maßlos zu übertreiben. „Sie müssen nicht gleich aus einer Mücke einen Elefanten machen. Das war ein kleiner Auffahrunfall und keine Massenkarambolage."

Die Mücke steht für eine unbedeutende Kleinigkeit, der Elefant für das Große, das man daraus macht.

Man hat schon Pferde kotzen sehen

Die Redewendung soll zum Ausdruck bringen, dass mitunter die unwahrscheinlichsten Dinge passieren, und zwar unerfreuliche. „Eigentlich kann gar nichts mehr passieren und das Geschäft ist in trockenen Tüchern, aber wer weiß: Man hat schon Pferde kotzen sehen."

Dieses Bild wird deshalb verwendet, weil es nicht nur unwahrscheinlich ist, dass Pferde kotzen, sondern anatomisch schlichtweg unmöglich.

Pudelnass

Wer pudelnass ist, der ist durch und durch nass, triefend nass. „Wenn du ohne Schirm im Regen spazieren gehst, wirst du pudelnass."
Tatsächlich wurden Pudel, die früher Pudelhunde hießen, sehr oft nass, weil sie speziell für die Wasserjagd abgerichtet waren – sie holten die geschossenen Vögel aus dem Teich beziehungsweise aus dem „pfudel" (niederdeutsch „Pfütze"). Das Wort ist heute noch zu finden im englischen „puddle".

Den Schwanz hängen lassen

Den Schwanz lässt man im übertragenen Sinne hängen, wenn man geknickt oder mutlos ist. „Jetzt lass den Schwanz nicht hängen! Es wird schon wieder."
Die Redewendung ist abgeleitet vom Verhalten der Hunde, die ihren Schwanz vor allem dann hängen lassen, wenn sie krank sind oder Angst haben. Die gleiche Bedeutung hat auch die Redewendung „den Kopf nicht hängen lassen".

Schwein haben

Die Wendung „Schwein gehabt" geht möglicherweise auf eine mittelalterliche Tradition zurück, dem schlechtesten Teilnehmer eines Wettkampfes als Trostpreis ein Schwein zu geben: „Keine Leistung erbracht, und dennoch etwas erreicht. Schwein gehabt!"

Farbenspiele

Man kann einem Menschen nicht immer nur das Blaue vom Himmel herunter versprechen. Irgendwann muss man auch einmal Farbe bekennen, sonst wird es ihm irgendwann einmal zu bunt und er sieht möglicherweise rot, wenn nicht gar schwarz.

Farben haben nicht nur einen direkten Einfluss aufs Gemüt, sondern seit jeher auch eine starke Symbolkraft. So steht rot, die Farbe des Blutes, beispielsweise für das Leben, die Liebe, die Leidenschaft, für Aktivität, Aggressivität, Wildheit und noch vieles mehr. Grün dagegen ist die Farbe der Jugend, der Freude, der Hoffnung und der Harmonie. Blau symbolisiert Treue, Vertrauen, Wahrheit und Weisheit, aber auch den Liebeskummer, die Sehnsucht und die Melancholie. Mit den anderen Farben verhält es sich ähnlich. Auch sie haben verschiedene Bedeutungen, sowohl positive als auch negative.

Wenn man nun nach der Bedeutung und der Herkunft von Redewendungen forscht, die auf der Farbsymbolik begründet sind, hat man es nicht immer leicht, denn erstens muss man wissen, auf welche Bedeutung einer Farbe die entsprechende Wendung Bezug nimmt, und zweitens haben sich die Bedeutungen im Laufe der Zeit verschoben.

Manchmal ist es aber auch etwas einfacher, denn bei aller Vielfarbigkeit der sprachlichen Bilder haben nicht alle direkt etwas mit der Sprachmetaphorik zu tun.

Blauäugig

Als blauäugigen Menschen bezeichnet man jemanden, der naiv und unbedarft ist. „Jetzt sei nicht so blauäugig. Dieser Typ gibt sich als feiner Herr, und du fällst auch noch darauf rein."

Tatsächlich hat der Begriff etwas mit der Augenfarbe zu tun. Während der Romantik galten blaue Augen und blonde Haare als idealtypische Merkmale des Helden. Später wurde dieses Hochstilisieren kritisch gesehen, der romantische Held wurde als ein zwar liebenswerter, aber auch geistloser Mensch betrachtet. Ähnliches könnte auch für „blond" gelten, was heutzutage nicht nur eine Haarfarbe ist, sondern gleichzeitig eine Umschreibung für „nicht mit den größten geistigen Fähigkeiten ausgestattet".

Blau machen

Abgeleitet ist das „blau machen" – sich einen unberechtigten freien Tag nehmen – vom „blauen Montag", der auf die Tradition zurückgeht, Handwerksgesellen am Montag freizugeben.
Blau war der Tag wohl deshalb, weil es die Kirchenfarbe des Montags war, der Tag, an dem man der Toten gedachte. Ein anderer Deutungsansatz verweist auf die Tradition der Färber, blaue Sachen am Sonntag zu färben. Da die gefärbten Stoffe aufgrund des verwendeten Färbemittels am Tag darauf an der Luft trocknen mussten, war der Montag der blaue Tag, an dem die Färber frei hatten. Das „blau machen" ist eine Verkürzung aus „sich einen unberechtigten blauen Montag nehmen".

Blau sein

Blau ist man in der Regel dann, wenn man zu viel Alkohol getrunken hat. Man fühlt sich schwindelig und ist geistig nicht mehr auf der Höhe.

Das „blau sein" wird gelegentlich zurückgeführt auf das „blau machen" beziehungsweise den „blauen Montag", da sich die Handwerksgesellen an ihrem freien Tag sehr gern betrunken haben sollen. Diese Erklärung dürfte allerdings falsch sein.

Wahrscheinlich steht die alte Redewendung „mir ist blau vor Augen" im Hintergrund, die das Schwindelgefühl und den Zustand nach übermäßigem Alkoholgenuss beschrieb. Heute wird einem allerdings nicht mehr „blau", sondern sogar „schwarz vor den Augen."

Sein blaues Wunder erleben

Das blaue Wunder steht sinnbildlich für eine unangenehme Überraschung: „Wenn er nach Hause kommt, wird er sein blaues Wunder erleben."

Die Farbe blau war im früheren Sprachgebrauch die Farbe der Täuschung und der Lüge. Zumindest die Täuschung ist auch noch im blauen Wunder zu finden, beispielsweise im Satz: „Sie fühlen sich schon wie die sicheren Sieger, aber im heutigen Spiel werden sie ihr blaues Wunder erleben, da sie die Gegner unterschätzen."

Gelegentlich wird das blaue Wunder auch analog zum „blau machen" mit dem Färberhandwerk erklärt. Das Färbemittel waren nämlich zunächst gelblich. Erst durch die chemische Reaktion mit Sauerstoff stellte sich die blaue Farbe ein, wie von Geisterhand, ein Wunder also. Allerdings ist bei diesem Erklärungsansatz nicht zu erkennen, wie sich die Bedeutung bis hin zum heutigen Gebrauch im Sinne einer bösen Überraschung verschoben haben könnte.

Farbe bekennen

Wer Farbe bekennt, der sagt offen seine Meinung,
ohne zu taktieren. „Du musst jetzt endlich mal Farbe
bekennen und sagen, auf wessen Seite du stehst."
Die Wendung ist abgeleitet aus dem Kartenspiel.
Bei bestimmten Spielen muss man eine ausgespielte
Farbe bedienen, sofern man eine Karte dieser Farbe
in der Hand hält.

Gelb vor Neid

Gelb ist nicht nur die Farbe der Sonne und steht
somit für Licht und Leben. In unserem Kulturkreis
ist gelb darüber hinaus auch die Farbe von Neid,
Geiz, Eifersucht, Verlogenheit und Egoismus.
Ob die Farbensymbolik allerdings etwas mit der
Redewendung zu tun hat, ist nicht geklärt. Es könnte
sich auch um eine Beschreibung von Körperreak-
tionen handeln. Dafür spricht zumindest, dass man
nicht nur gelb vor Neid wird, sondern gelegentlich
auch grün oder einfach blass. Die Blässe ließe sich
mit einer Verengung der Blutgefäße erklären, die Farben gelb und grün mit einem Gallenstau. Ob Neid
nun tatsächlich diese Reaktionen hervorruft ist aber
ebenfalls fraglich.

Dasselbe in Grün

„Dasselbe in Grün" bedeutet: Es macht (so gut wie)
keinen Unterschied, es ist im Grunde genommen
unbedeutend. „Ob wir heute in den Urlaub fahren
oder erst morgen, das ist dasselbe in Grün."

Der Spruch wird auch verwendet, wenn etwas immer wieder nach dem gleichen Muster abläuft. „Heute gab es Kartoffelbrei und morgen dasselbe in Grün."
Der Ursprung der Wendung liegt möglicherweise in einer Anekdote des 18. Jahrhunderts. Sie erzählt von einem Dienstmädchen, das zu einem Kaufmann geht, um eine Haarschleife zu erwerben. Um genau zu zeigen, was sie möchte, nimmt sie als Muster eine rosa Haarschleife mit. Dementsprechend präzise kann sie dann ihren Wunsch vortragen: „Dieselbe Couleur, aber in Grün."

Auf keinen grünen Zweig kommen

„Wenn Heidi in der Schule so weitermacht, kommt sie auf keinen grünen Zweig mehr." Soll heißen: Die Dinge werden sich nicht gut entwickeln.
Der grüne Zweig steht sinnbildlich für das Wachstum der Pflanzen im Frühjahr.

Sich grün und blau ärgern

Wenn man sich grün und blau ärgert, dann ärgert man sich nicht nur ein bisschen, sondern ganz gewaltig. Warum es ausgerechnet die Farben grün und blau sein müssen, und nicht etwa rot, weiß wohl niemand.
Bei der Redewendung handelt es sich jedenfalls um einen verkürzten Vergleich: Man ärgert sich so, dass man vor Ärger grün wird oder eben blau oder beides. Es liegt nahe, dass die Farben ziemlich willkürlich gewählt sind, zumindest beinahe, denn ebenfalls bekannt sind die Formen „schwarz ärgern"

oder „gelb und grün ärgern". Eine Erklärung für die
Redewendung bieten die unterschiedlichen Körper-
reaktionen, die durch verschiedene Gemütszustände
hervorgerufen werden.

Wissenschaftlich gesehen kann sich die Körperfarbe
durch Verengung oder Erweiterung der Blutgefäße
oder durch verschiedene Krankheiten tatsächlich
verändern. Allerdings ist der Ärger kaum die Ursa-
che dafür. Die Erregung sorgt höchstens für einen
roten Kopf.

Alles im grünen Bereich

Wenn alles im grünen Bereich ist, besteht kein
Anlass zur Sorge, denn alles ist so, wie man es sich
vorgestellt hat – wenn auch nur knapp. „Wie sieht
es eigentlich in Englisch bei dir aus, Peter?" „Alles im
grünen Bereich! Die Vier ist mir schon sicher."
Der grüne Bereich bezieht sich auf die grünen
Kontrolllampen bei technischen Anlagen, die signa-
lisieren, dass alles ordnungsgemäß funktioniert. Um
vor Gefahren zu warnen, wird üblicherweise die
Farbe rot verwendet. Scherzhaft – oder gelegentlich
auch unabsichtlich – wird deshalb auch die Wendung
„alles im roten Bereich" verwendet.

Der rote Faden

Der rote Faden ist ein Grundgedanke, ein Leitfaden
beziehungsweise ein Grundmotiv. „Die kleinen Affä-
ren und Skandale zogen sich wie ein roter Faden
durch seine politische Karriere." Oder auch: „Das
Motiv der existenziellen Langeweile zog sich wie ein

roter Faden durch die Handlung des Romans."
Den roten Faden haben wir höchstwahrscheinlich dem deutschen Dichterfürst Johann Wolfgang von Goethe zu verdanken. In seinen „Wahlverwandt-schaften" taucht er bei einer Beschreibung der Seile der englischen Flotte auf: „Sämtliche Tauwerke der königlichen Flotte, vom stärksten bis zum schwächs-ten, sind dergestalt gesponnen, dass ein roter Faden durch das Ganze durchgeht, den man nicht heraus-wirken kann, ohne alles aufzulösen, und woran auch die kleinsten Stücke kenntlich sind, dass sie der Krone gehören."

Rotes Tuch

Ist jemand sehr wütend, dann spricht er oft vom roten Tuch: „Schon allein der Name ist ein rotes Tuch für mich!"
Vom roten Tuch – sei es ein anderer Mensch, ein Ding, eine Gegebenheit oder ein Sachverhalt – fühlt man sich aufs Äußerste gereizt, so wie ein Stier im Stierkampf vom roten Tuch (spanisch „muleta") des Toreros. Dass Stiere farbenblind sind, spielt dabei keine Rolle.

Schwarz auf weiß

Hat man etwas schwarz auf weiß, dann hat man es schriftlich. „Du bist und bleibst ein unverbesser-licher Besserwisser. Das kann ich dir schwarz auf weiß geben."
Bekannt wurde die Redewendung, wie so viele andere auch, durch Goethes Faust: „Denn was man schwarz auf weiß besitzt, kann man getrost nach Hause tragen."

Schwarz steht für die Tinte beziehungsweise die Druckerschwärze, weiß steht für das Papier.

Die schwarze Kunst

Die schwarze Kunst ist eine Umschreibung für die Magie. „Er war ein großer Zauberer. Er beherrschte das Handwerk der schwarzen Kunst."
Die schwarze Kunst heißt aber nicht deswegen schwarze Kunst, weil die Magier in aller Welt bevorzugt schwarze Kleidung tragen. Vielmehr handelt es sich bei dieser Wendung um eine volkstümliche Umdeutung des Begriffs „Nekromantie" (Totenbeschwörung), der als „Negromantie" beziehungsweise „Nigromantie" (die schwarze Kunst) von lateinisch „niger" (übersetzt: schwarz) missverstanden wurde.

Schwarzfahrer

Ähnlich wie die schwarze Kunst hat auch der Schwarzfahrer, derjenige also, der sich eine Beförderungsdienstleistung erschleicht, nur wenig mit der Farbe schwarz zu tun.
Schwarz ist vermutlich vom rotwelschen „schwarzen" oder „schwerzen" abgeleitet, was soviel heißt wie: „etwas bei Nacht tun", und dies waren in Gaunerkreisen oft verbotene Dinge, wie etwa der Schmuggel. Mit der Zeit bekam „schwarzen" die Bedeutung „etwas Verbotenes tun", die illegalen Dinge selbst waren „schwarz", wie heute noch die Schwarzarbeit, der Schwarzmarkt oder auch die schwarzen Kassen.

Sportlich

Ein sehr produktiver Bereich für die Entstehung von Redewendungen ist der Sport, und dies ist wohl nicht zuletzt deshalb so, weil im Sport eine bildhafte Sprache sehr nützlich ist.

Immerhin geht es darum, das ursprüngliche Erlebnis der Bewegung nachvollziehbar zu machen, und Bilder – ob nun reale oder sprachliche Bilder – sind viel eindrucksvoller und unmittelbarer als reine Worte. Man kann damit, um in der Sprache des Sports zu bleiben, einen Wirkungstreffer erzielen, je nachdem wie ausdrucksstark ein Bild ist.

Kein Wunder, dass Wendungen, die ursprünglich aus dem Sportbereich stammen, ihren Eingang in die Alltagssprache gefunden haben. Besonders in der Politik – ähnlich wie im Sport kommt es auch hier darauf an, die Dinge möglichst plastisch auf den Punkt zu bringen – scheinen sie sehr beliebt zu sein.

In die andere Richtung geht es natürlich auch. Wenn ein sprachliches Bild nur wirksam genug ist, wird es in Anspruch genommen, um die Verbindung des Sports mit anderen Lebensbereichen zu untermauern.

Daneben findet man in der Sportfachsprache aber noch eine ganze Reihe Begriffe, die mittlerweile zwar jeder kennt, aber nicht so recht erklären kann, oder wissen Sie vielleicht, was es mit dem Hattrick ursprünglich auf sich hat? Mehr darüber erfahren Sie in diesem Kapitel.

Abstauber

Als Abstauber bezeichnet man im Sport einen Spieler, der zum Nutznießer einer Spielsituation wird und ein Tor erzielt. Beispiel: Spieler Maier gibt einen Schuss aufs Tor ab, der Torhüter kann den Ball nicht festhalten, sondern lässt ihn abprallen – direkt vor die Füße von Spieler Müller. Der muss die Kugel nur noch ins Tor schieben. Er ist in diesem Fall der Abstauber. Manchmal bezeichnet man auch das Abstaubertor verkürzt als Abstauber.

Ursprünglich stammt der Begriff abstauben aus dem Müllerhandwerk und bedeutet ebenfalls zum Nutznießer einer Situation zu werden oder sich unerlaubt etwas anzueignen. Dies taten manche Müller, indem sie einen Teil des Getreides, der beim Mahlen sprichwörtlich in Staub aufging, erst abstaubten, nachdem das Mehl bereits in Säcke verpackt war. Diesen „Rest" steckten sie dann in die eigene Tasche. So mancher Bauer fühlte sich dadurch übervorteilt.

Reiner Zufall dürfte es allerdings sein, dass der wohl größte Abstauber, den es im Fußball je gab, ausgerechnet Gerd Müller hieß.

Die Arschkarte ziehen

Der Begriff „Arschkarte" ist ein Überbleibsel aus den Tagen des Schwarzweißfernsehens. Damit die Zuschauer bei Fußballübertragungen sofort erkennen konnten, ob der Schiedsrichter einem Spieler die „Gelbe Karte" oder die „Rote Karte" gezeigt hatte – optisch war die Unterscheidung nicht möglich –, wurde beschlossen, dass die Unparteiischen die Gelbe Karte in ihrer Brusttasche aufbewahren sollten, die Rote Karte für den Platzverweis dagegen in der Gesäßtasche.

So musste man nach einem Foulspiel nur noch darauf achten, wo der Referee hingriff – und war sofort im Bilde. Die Tradition mit der „Arschkarte" wird bei Fußballspielen übrigens bis heute gepflegt.

Die Verwendung des Begriffs ist im Laufe der Zeit

– einer sehr kurzen Zeit – auf andere Lebensbereiche ausgedehnt worden: Wer die Arschkarte zieht, hat großes Pech, ist angeschmiert beziehungsweise der Gelackmeierte, weil er nicht so kann, wie er gern möchte.

Beispiel: Peter hat die A... gezogen, weil er mit Grippe im Bett vor seinem alten Schwarzweißfernseher liegt, während seine Freunde sich im Fußballstadion vergnügen – die Eintrittskarte hatte er sich schon besorgt.

Am Ball bleiben

Am Ball bleiben bedeutet, an etwas dran bleiben, etwas weiterverfolgen, sich mit etwas intensiv beschäftigen, ein Ziel nicht aus den Augen verlieren. Welche Ballsportart hier Pate stand, ist nicht belegbar, wohl aber die Tatsache, dass die Wendung sich bei vielen Trainern nach wie vor großer Beliebtheit erfreut – sowohl im wörtlichen als auch im übertragenen Sinne. „Wir müssen einfach weiter am Ball bleiben, aber das geht nur, wenn wir auch während des Spiels immer am Ball bleiben – wir dürfen keine zehn Meter vom Gegner entfernt stehen."

Den Ball flach halten

Eine goldene Regel im Fußball besagt, dass es meist von Vorteil ist, den Ball flach zu halten, das heißt flache Pässe zu spielen, da diese für den Mitspieler leichter zu kontrollieren sind. Die flachen Bälle sind zwar meist nicht so spektakulär, führen aber leichter zum gewünschten Erfolg.

Wer den Ball im übertragenen Sinne flach hält, der bleibt gelassen und vermeidet unnötiges Aufsehen. „Wir sollten den Ball flach halten. Mit lautem Geschrei kommen wir nicht weiter."

Bananenflanke

Aus dem modernen Fußball der heutigen Zeit ist sie nicht mehr wegzudenken: die Bananenflanke. Dabei tritt der Flankengeber mit dem Innenspann so gegen den Ball, dass dieser aufgrund der Rotation eine krumme Flugbahn beschreibt – krumm wie eine Banane eben.

Die physikalische Erklärung liefert der so genannte Magnus-Effekt: Durch die Rotation reißt der Ball Luft mit sich, und zwar in die Richtung, in die er sich dreht. Dadurch entsteht auf einer Seite des Balls ein Unterdruck, der Ball verändert seine Flugbahn in diese Richtung. In Wirklichkeit ist das Ganze noch etwas komplizierter. Durch die Oberflächenbeschaffenheit des Balls bilden sich kleine Luftwirbel, die ihren Teil zu diesem Effekt beitragen.

Die technische Umsetzung: Wird der Ball auf der rechten Seite getroffen, dreht er sich nach links. Die Flugbahn verändert sich ebenfalls nach links. Übrigens ist es noch nicht gelungen, die Bananenflanke mit einer mathematischen Formel zu beschreiben. Dies dürfte durchaus im Sinne des Flankengebers sein, denn Ziel der Bananenflanke ist es, den Mitspieler in eine günstige Kopfballposition zu bringen und gleichzeitig den gegnerischen Torwart zu verwirren. Der Torwart kann den Ball nämlich genauso wenig berechnen wie die klugen Mathematiker.

Als Erfinder der Bananenflanke gilt der ehemalige

Nationalspieler und langjährige HSV-Profi Manfred Kaltz, der dieses fußballerische Stilmittel wie kein zweiter beherrschte – wenngleich auch schon vorher Bälle mit Effet gespielt wurden.

Wer den Begriff „Bananenflanke" einst aus der Taufe hob, konnte leider nicht ermittelt werden. Möglicherweise war es „Kopfball- und Sprachungeheuer" Horst Hrubesch, der kongeniale Partner und Hauptadressat von „Mannis Bananen", der den Erfolg seines Vereins einmal folgendermaßen umschrieb: „Manni Bananenflanke, ich Kopf, Tor!"

Mit harten Bandagen kämpfen

Wenn sich jemand erbittert für seine Sache einsetzt, keinen Millimeter von seinem Plan abweicht und sich dabei aller zur Verfügung stehenden Mittel bedient, der kämpft mit harten Bandagen. Die Grenzen der Fairness werden dabei nicht immer ganz eingehalten. Die Wendung wird zurückgeführt auf den Boxsport, wo es üblich ist, die Hände des Boxers zu bandagieren. Je fester beziehungsweise härter die Bandage, desto härter kann er zuschlagen. Dies galt insbesondere in früheren Zeiten, als noch nicht mit Boxhandschuhen, sondern mit der blanken Faust gekämpft wurde.

Bogenlampe

Die Bogenlampe ist die erste elektrische Lampe überhaupt und erzeugt ihr Licht mittels eines Lichtbogens. Dieser Lichtbogen entsteht durch entsprechend hohe Spannungsunterschiede zwischen zwei

Elektroden. Das Gas zwischen den beiden Elektroden wird durch Ionisation leitfähig und beginnt zu leuchten. Im Prinzip sind die Bogenlampen die Vorgänger von heutigen Leuchtstofflampen.

Der Zusammenhang mit einer anderen Bogenlampe – in verschiedenen Sportarten (zum Beispiel Fußball, Handball oder Wasserball) ist dies ein Schuss oder Wurf, der in hohem Bogen über den Torwart hinweg seinen Weg ins Tor findet – ist nicht ganz klar. Möglicherweise lässt sich die bildliche Übertragung in den Bereich des Sports dadurch erklären, dass die Flugbahn des Balls bei der „sportlichen" Bogenlampe der Form des Lichtbogens ähnelt, der beim Original entsteht. Andere Erklärungsansätze mit etwaigen anderen Bedeutungen von Lampe führen nicht viel weiter. Vielleicht am ehesten noch der Hinweis, dass die Augen aller Zuschauer – mit Ausnahme des betroffenen Torhüters – beim Betrachten einer Bogenlampe zu leuchten beginnen.

Catenaccio

Unter Catenaccio versteht man heutzutage eine sehr defensive Spielweise im Fußball. Der Begriff wird hauptsächlich mit italienischen Fußballmannschaften – seien es Vereinsmannschaften oder die italienische Nationalelf – in Verbindung gebracht, die diese defensive Spielweise verinnerlicht haben. Nichtsdestotrotz ist der Catenaccio eigentlich gar keine italienische Erfindung, sondern geht zurück auf den argentinischen Trainer Helenio Herrera, der in den 60er Jahren des 20. Jahrhunderts den italienischen Verein Inter Mailand trainierte. Herrera entwickelte die Fußballphilosophie, wonach ein erfolgreiches Spiel nur aus einer stabilen Abwehr heraus möglich sei. Folgerichtig stellte er vor dem Torwart gleich sieben Abwehrspieler auf. Daneben gab es noch die zwei Mittelfeldspieler und nur einen Stürmer.

Diese Spielweise war für die Zuschauer zwar sehr unattraktiv, für Inter Mailand aber sehr erfolgreich. Unter Herrera gewann der Verein dreimal die italienische Meisterschaft und je zweimal den Europapokal der Landesmeister und den Weltpokal.

Der Catenaccio – die wörtliche Übersetzung aus dem Italienischen lautet Riegel – wurde daraufhin auch von anderen Mannschaften in Italien übernommen, selbst von der Nationalmannschaft.

Auch wenn der ursprüngliche Catenaccio mit sieben Abwehrspielern heute nicht mehr gespielt wird, legte Herrera mit seinem italienischen Riegel – so eine andere Bezeichnung – den Grundstein für den modernen Fußball, der ohne eine sichere Abwehr nicht mehr funktionieren würde.

Derby

Ursprünglich ist das Derby eine Zuchtprüfung für Pferde in Form eines Rennens, benannt nach Edward Smith Stanley, dem 12. Earl of Derby, der 1780 als Erster ein solches Rennen veranstaltete. Das Derby ist im Reitsport nach wie vor die wichtigste Zuchtprüfung für dreijährige Pferde.

Später wurde der Begriff dann auch auf andere Sportarten übertragen und wurde so zur allgemeinen Bezeichnung für ein besonderes Sportereignis, eine Begegnung zwischen zwei rivalisierenden Mannschaften. In Deutschland versteht man unter einem

Derby das Aufeinandertreffen zweier konkurrie-
render Vereine aus derselben Region. Häufig findet
man auch noch den Begriff Lokalderby. Eines der
brisantesten Derbys im deutschen Fußball ist gewiss
das Revierderby zwischen Schalke 04 und Borussia
Dortmund.

Als Derby werden mittlerweile auch Spiele zwischen
Mannschaften bezeichnet, die nicht in unmittelbarer
Nachbarschaft beheimatet sind, etwa das Nordderby
zwischen dem Hamburger Sportverein und Werder
Bremen beziehungsweise das Südderby zwischen
dem FC Bayern München und dem VfB Stuttgart.
In England, dem Mutterland des Fußballs, ist die
Bezeichnung noch allgemeiner. Dort werden nicht
nur die Spiele rivalisierender Vereine, sondern auch
Länderspiele von besonderem Interesse Derby
genannt, beispielsweise die Begegnung England gegen
Schottland.

Englische Woche

Eine englische Woche beklagen Fußballspieler
immer dann, wenn sie mehr als ein Spiel pro Woche
bestreiten müssen.

Englische Woche deshalb, weil es für die englischen
Profimannschaften seit jeher üblich ist, mehrere
Spiele in einer Woche auszutragen. Neben den 38
Ligaspielen treten alle Mannschaften noch zusätzlich
in zwei Pokalwettbewerben – jeweils mit Hin- und
Rückspiel – an. Dank Europapokal sind die englischen Wochen mittlerweile auch in anderen Ländern
an der Tagesordnung, zumindest für die Vereine, die
sich für die internationalen Wettbewerbe qualifiziert
haben.

Das Handtuch werfen

Das Handtuch wirft man sprichwörtlich immer dann, wenn man einsieht, dass man nicht mehr gewinnen kann. Kurz gesagt: Man gibt auf.
Das Bild des geworfenen Handtuchs wird besonders dann verwendet, wenn man die Niederlage als „sportliche" Niederlage sieht. Man hat zwar verloren, aber man hat immerhin gekämpft und sein Bestes gegeben. Ein tadelloses Verhalten, ohne Zweifel sehr ehrenhaft und häufig in der Politik anzutreffen.
Boxfreunde wissen, dass diese Redewendung aus dem Boxsport kommt. Dort ist es bis heute üblich, dass der Betreuer in der Ecke das Handtuch in den Ring wirft, um seinen Schützling vor schlimmerem Schaden zu bewahren, wenn er sieht, dass dieser chancenlos ist. Das geworfene Handtuch ist das Zeichen für den Ringrichter, den Kampf unverzüglich abzubrechen. Die Konsequenz ist der Sieg des Gegners.

Hattrick

Von einem Hattrick spricht man im Fußball – und beispielsweise auch im Eishockey – dann, wenn es einem Spieler in einem Spielabschnitt (im Fußball in einer Halbzeit) gelingt, drei Tore hintereinander zu schießen, ohne dass ein anderer Spieler zwischenzeitlich einen weiteren Treffer erzielt.
Da es aber schon eine besondere Leistung ist, drei Treffer in einem Spiel zu erzielen, spricht man gelegentlich – je nach Land und Sprachgebrauch – auch dann von einem Hattrick, wenn einem Spieler eben

jenes Kunststück gelingt. Um nun die Besonderheit eines „echten" Hattricks noch einmal zu betonen, gibt es mittlerweile auch die Bezeichnung „lupenreiner Hattrick".

Ohne Zweifel lupenrein waren die fünf Treffer, die Dieter Hoeneß am 25.04.1984 für den FC Bayern gegen Eintracht Braunschweig schoss – Bundesliga-Rekord.

Der erste Hattrick der Geschichte wurde der Überlieferung nach übrigens nicht beim Fußball, sondern beim Cricket erzielt, und zwar durch den Werfer H.H. Stephenson auf dem Sheffield's Hyde Park Ground. Ihm gelang es als Erstem überhaupt, drei aufeinanderfolgende Bälle in drei Wickets (Auswerfen des Schlagmanns) umzuwandeln.

Für diese außerordentliche Leistung soll ihm ein weißer Hut überreicht worden sein. Daher auch der Name Hattrick oder Hat Trick – der Huttrick. Ob einem Eishockey- oder Fußballspieler für einen Hattrick jemals ein Hut verliehen wurde, ist nicht überliefert.

Rote Laterne

Die rote Laterne ist im wahrsten Sinne des Wortes das Schlusslicht, nämlich das Schlusslicht eines Kraftfahrzeuges. Ein im Sport gern verwendetes Bild für den letzten Platz: „Nach ihrer Niederlagenserie haben die Hamburger die rote Laterne übernommen und sind jetzt Schlusslicht der Tabelle."

Im berühmtesten Radrennen der Welt, der Tour de France, hat man sich aus dieser Redewendung – bekannt ist sie nicht nur im deutschen Sprachraum – einen Scherz gemacht. Dort hängt sich der Letzte

im Gesamtklassement während der letzten Etappe
tatsächlich eine rote Laterne an sein Fahrrad.

Eine Schlappe einstecken

Auch wenn man sich nach einer Schlappe manchmal
ziemlich schlapp fühlt, hat sie nichts mit schlapp im
Sinne von schlaff zu tun. Vielmehr ist die Schlappe
eine frühere Bezeichnung für eine Ohrfeige beziehungsweise Maulschelle.
Abgeleitet ist die Schlappe vom lautmalerischen
Begriff schlapp, dem Geräusch, das bei eben jenem
Vorgang entsteht. Wer früher eine Schlappe einstecken musste, der bekam eine Backpfeife. Die Bedeutung hat sich im Laufe der Zeit verschoben. Wer
heute eine Schlappe einstecken muss, der kassiert
eine Niederlage. Für die Ohrfeige wird der Begriff
heute nicht mehr verwendet. Der dabei empfundene
Schmerz ist aber möglicherweise vergleichbar.

Schwalbe

Als Schwalbe bezeichnet man vor allem im Fußball
das Vortäuschen eines Foulspiels seines Gegenspie-
lers, um sich einen unlauteren Vorteil zu verschaffen.
Besonders häufig „fliegen Schwalben" durch den
gegnerischen Strafraum, um den Schiedsrichter zu
einem Elfmeterpfiff zu provozieren – leider immer
wieder erfolgreich.
Dass ausgerechnet die Schwalbe mit ihrem Namen
für diese Unsportlichkeit Pate stand, liegt daran, dass
viele Vertreter ihrer Art besonders tief über dem
Boden fliegen, genauso wie die „Schwalbenkönige"

im Fußball es tun. Die Schwalbe ist aber nicht nur ein beliebtes Mittel von Fußballern, um die gegnerische Mannschaft um den verdienten Lohn ihres Schweißes zu bringen. Sie verleitet auch immer wieder Kommentatoren zu verbalen Sturzflügen, wie beispielsweise „der Mann aus Schwalbanien." Zu trauriger Berühmtheit gelangte in Deutschland die von Andreas Möller nachträglich so bezeichnete „Schutzschwalbe". Nachdem er in einem Spiel einen unberechtigten Elfmeter geschunden hatte, gab er als Entschuldigung an, er habe sich nur fallen lassen, weil er Angst hatte, gleich von seinem Gegenspieler gefoult zu werden.

Wasserträger

Als Wasserträger bezeichnet man in Mannschaftssportarten jene Spieler, die den Stars durch „Hilfsarbeiten" und vor allem harten körperlichen Einsatz den Rücken frei halten. Den Beruf des Wasserträgers gab es früher tatsächlich. Er brachte den Leuten das Wasser in Eimern nach Hause – für ein kleines Entgelt. Einer brachte es sogar zu großer Berühmtheit: das Hamburger Original Hummel, dem die Hansestadt ein Denkmal gesetzt hat. Im wörtlichen Sinne gibt es die Wasserträger heute noch im Radsport. Es handelt sich um diejenigen Fahrer in einer Mannschaft, die sich während eines Rennens immer wieder ans Ende des Feldes zurückfallen lassen, um Wasserflaschen vom Begleitfahrzeug entgegenzunehmen, mit denen sie dann ihre Kapitäne versorgen.

Technisch

Spätestens beim Lesen von Gebrauchsanweisungen – es macht keinen großen Unterschied, ob es sich dabei um die Bedienungsanleitung für einen High-Tech-Fernseher oder die Anleitung für einen Eierkocher handelt – merkt man, dass man sich in eine ganz eigene Welt begeben hat, vor allem in sprachliches Neuland.

Dies ist nun nicht allein damit zu erklären, dass man das Geld für teure Übersetzungen aus exotischen asiatischen Sprachen lieber anderweitig einsetzt. Selbst wenn man technische Texte in einem – für Techniker – einwandfreien Deutsch liest, kann man sich über die Fachsprache manchmal nur wundern, was aber bei näherer Betrachtung gar nicht weiter verwunderlich ist.

Schließlich steht man täglich vor der Herausforderung, neuen Erfindungen einen neuen Namen geben zu müssen, und das ist gar nicht so einfach. Man möchte ja immerhin erreichen, dass die Menschen auch etwas mit diesen neuen Begriffen anzufangen wissen.

Allerdings verfolgt man dabei oft eine falsche Strategie. Den Dingen einfach einen wohlklingenden, meist irgendwie englischen Namen zu geben, ergibt keinen großen Sinn. Große Errungenschaften setzen sich ganz von allein durch und damit auch der entsprechende Begriff.

Denken Sie nur an das Rad, mit Sicherheit eine der größten technischen Meisterleistungen aller Zeiten. Mit der Zeit kommen diese Worte dann auch zu der ihnen gebührenden Ehre, und sie tauchen in Redewendungen mit veränderter Bedeutung wieder auf. Bei vielen Begriffen, die heute im Umlauf sind, ist dies allerdings mehr als fraglich. Sie werden vielleicht einfach vergessen.

Bug

Als Bug (gesprochen bag) bezeichnet der Computerfachmann einen Fehler, der sich in einem Computerprogramm eingeschlichen hat.

Die Übersetzung aus dem Englischen, wo ein „bug" ein Käfer ist, hilft auf den ersten Blick nicht viel weiter, aber wirklich nur auf den ersten Blick.

Der Begriff geht nämlich bis in die Zeit zurück, als die Computer noch in riesigen Schränken untergebracht waren und ganze Räume ausfüllten. Geriet damals eines dieser kleinen Krabbeltiere in die Innereien eines solchen Rechenmonsters, konnte es passieren, dass er durch seinen regen Appetit einen Kurzschluss in den Schaltkreisen auslöste, wodurch der Computer dann fehlerhaft oder gar nicht mehr arbeitete. Die Fachleute erkannten das Problem bei näheren Untersuchungen.

Wenn also ein Computer nicht mehr korrekt arbeitete, vermutete man damals als Problem nicht selten: „It is a bug – es ist ein Käfer." An dieser genial einfachen Sichtweise der Dinge hat man bis heute festgehalten.

Etwas checken

„Checken" kommt vom englischen „to check" und bedeutet dort ursprünglich soviel wie prüfen, überprüfen, kontrollieren.

Der Begriff wurde früher vornehmlich in der Fliegerei und anderen technischen Bereichen verwendet. Heutzutage checkt man nicht mehr nur technische Geräte, sondern umgangssprachlich alles Mögliche, in der Jugendsprache zum Beispiel ein neues Café

oder vornehmlich das andere Geschlecht.
Beispiel: „Hey Mann, ich muss mal den Typen da drüben checken." Dies kann von „kennen lernen" über „näher anschauen" bis hin zu „wegjagen" alles Mögliche bedeuten.
Eine andere Wortbedeutung kommt ebenfalls aus der Jugendsprache, nämlich „checken" im Sinne von „begreifen, kapieren". „Mathe check' ich voll ab, Alter!" Das englische Wort „to check" ist möglicherweise abgeleitet vom altfranzösischen „eschequier", ein Begriff aus dem Schachspiel mit der Bedeutung „Figuren rauben, Beute machen". In gewisser Weise nähert sich die Jugendsprache im Deutschen also dem ursprünglichen Wortsinn wieder an – zumindest teilweise.

Einen Dachschaden haben

Wer einen Dachschaden hat, dem regnet es entweder ins Haus oder aber sein Verhalten gibt Anlass zu der Vermutung, er sei nicht ganz normal.
In diesem Fall steht das Dach für den Kopf. „Mich um die Zeit aus dem Bett zu klingeln! Du hast wohl einen Dachschaden!"
Um auszudrücken, dass jemand sich nicht so verhält wie es die Gepflogenheiten verlangen, bedient man sich sehr vieler Bilder aus dem handwerklich technischen Bereich. So hat man beispielsweise eine Schraube locker, ein Rad ab, tickt nicht ganz richtig beziehungsweise sauber, ist nicht ganz dicht und so weiter. In den seltensten Fällen wird aber tatsächlich vermutet, dass eine körperliche oder psychische Anomalie hinter dem merkwürdigen Verhalten steckt.

Höchste Eisenbahn

Höchste Eisenbahn bedeutet höchste Zeit. „Wir sind schon spät daran. Jetzt wird es höchste Eisenbahn." Dass die Eisenbahn tatsächlich etwas mit der Zeit zu tun hat, merkt man immer dann, wenn ein Zug mal wieder Verspätung hat.

Die Wendung hat mit diesem Phänomen allerdings nichts zu tun. Sie entstammt der Feder des Berliner Schriftstellers Adolf Glassbrenner, der in einem Volksstück einen zerstreuten Postboten sagen lässt: „Es ist die allerhöchste Eisenbahn. Die Zeit ist schon vor drei Stunden angekommen."

Feature

Ohne Feature (gesprochen: fietscher) geht heute offenbar gar nichts mehr: Im Fernsehen sieht man Features, womit Dokumentarsendungen oder kurze Filmbeiträge gemeint sind. Beim Double-Feature im Kino werden zwei Hauptfilme hintereinander gezeigt. In den Filmen selbst heißt es dann featuring X oder Y, was nichts anderes bedeutet als: X oder Y spielen die Hauptrolle. Nicht zu vergessen die Musikvideos, in denen es angesagt scheint, neben der eigentlichen Band bereits bekannte Musiker oder andere Medienstars auftreten zu lassen.

Wer nun aber glaubt, das Feature sei ausschließlich eine Angelegenheit der Medien, der irrt, denn Features findet man heutzutage in jedem Auto, jeder Geschirrspülmaschine, jedem Kleiderschrank und – nicht zu vergessen – jedem Computer beziehungsweise jedem Computerprogramm. In diesem Fall sind die Features besondere Leistungsmerkmale

beziehungsweise Extras des jeweiligen Geräts.
Was allerdings dazu geführt hat, dass man nicht
mehr von Extras spricht, sondern viel lieber von
Features, gelegentlich auch von extra Features,
darüber kann nur spekuliert werden. Vielleicht
einerseits, weil es angesagt scheint, möglichst viele
englische Begriffe zu verwenden. Andererseits aber
ist das Feature ein so allumfassender und somit
nichts sagender Begriff – abgeleitet ist er vom lateinischen „facere" (tun, machen) –, der sich hervorragend eignet, um Sachverhalte zu verschleiern, zum
Beispiel die Tatsache, dass heute Dinge als Features
bezeichnet werden, die früher zur Grundausstattung
zählten.
Da der Begriff nach wie vor positive Assoziationen
hervorruft, wird er auch weiterhin als Verkaufs-
argument eingesetzt. Dies könnte sich in Zukunft
ändern, wenn er weiterhin so inflationär verwendet
wird oder aber dann, wenn eines Tages bei einem
Auto beispielsweise das Lenkrad als extra Feature
verkauft wird.

Lampenfieber

Als Lampenfieber bezeichnet man die leichte Aufregung oder Anspannung vor öffentlichen Auftritten.
Lampenfieber deshalb, weil der Begriff zuerst in
der Theaterwelt verwendet wurde. Dort sorgt die
Lampe für die Beleuchtung auf der Bühne. Später
wurde die Verwendung ausgedehnt auf alle Arten
öffentlicher Auftritte.
Noch älter als das Lampenfieber ist das Kanonenfie-
ber – die Aufregung vor der Schlacht. Dieses Wort
ist heute jedoch nicht mehr gebräuchlich.

Paternoster

Der Paternoster ist ein offener Aufzug mit mehreren Kabinen, der ständig läuft, ohne anzuhalten. Man betritt und verlässt ihn, während er sich bewegt, was nicht immer ganz ungefährlich ist, und immer stellt man sich die Frage: Was passiert eigentlich am Wendepunkt, wenn man vergisst, rechtzeitig auszusteigen? Dennoch hat der Name nichts mit der dahinter steckenden Gefahr zu tun – etwa, dass man ein „Vaterunser" beten müsste, um eine Fahrt unbeschadet zu überstehen.

Mit dem Vaterunser hat der Aufzug aber dennoch etwas zu tun, wenn auch nur indirekt, denn er verdankt seinen Namen seiner immerwährenden Bewegung, die vergleichbar ist mit der Geschlossenheit eines Rosenkranzes, auch „Paternosterschnur" (abgekürzt: Paternoster) genannt.

Pimpen

Pimpen kann man heute beinahe alles, und manche Leute schrecken nicht davor zurück, dies auch zu tun. Erfolgreich werden im Fernsehen beispielsweise Autos gepimpt beziehungsweise auf Vordermann gebracht, was den Kern der Sache aber nicht ganz trifft.

Pimpen ist auch mehr als das herkömmliche „aufmotzen", wo nur die Leistung und die Fahreigenschaften verbessert werden. Wer schon einmal ein gepimptes Auto gesehen hat, wird sofort verstehen, was mit dem Begriff gemeint ist. Relativ harmlos sind noch die Fahrzeuge, die aus verschiedenen anderen Autos – auch Autos verschiedener Marken –

zusammengebaut werden. Darüber hinaus gibt es
Fahrzeuge, die etwa mit einem Hirschgeweih ver-
ziert oder mit Pelzmantel „gekleidet" werden. Der
Fantasie sind keine Grenzen gesetzt.

Das Wort „pimp" kommt aus dem Amerikanischen
und ist dort eine von mehreren Bezeichnungen für
einen „Zuhälter".

Das Pimpen ist ein Phänomen, das erstmals in den
60er Jahren in den USA zu beobachten war. Mit der
Bürgerrechtsbewegung nahm das Selbstbewusst-
sein der afroamerikanischen Bevölkerung zu, in der
Realität aber hatten die Schwarzen nach wie vor
mit sozialer Benachteiligung zu kämpfen. Die Pimps
lebten dieses neue Selbstvertrauen aus, indem sie
das, was sie hatten, möglichst provokant zur Schau
stellten: Extravagante Autos, Pelzmäntel und teurer
Schmuck waren die typischen Accessoires. Das Geld
dafür stammte meist aus illegalen Geschäften, oft
aus der Zuhälterei. Insgesamt ist der Lebensstil eines
echten Pimp in höchstem Maße Frauen verachtend.
Unter diesem Gesichtspunkt ist es mindestens
bemerkenswert, dass heutzutage nicht nur Gegen-
stände, sondern auch Menschen „gepimpt" werden,
beispielsweise von Schönheitschirurgen.

Quadratlatschen

In früheren Zeiten wurde die Fußbekleidung der
Landknechte so bezeichnet. Anstatt richtiger Schuhe
trugen sie nämlich quadratische Lappen, die um die
Füße gewickelt wurden. Bei den Quadratlatschen ist
heute allerdings nicht mehr die Form, sondern die
Größe ausschlaggebend. Es handelt sich dabei um
riesige Schuhe.

Wie die Bedeutungsverschiebung zustande kam, ist nicht einwandfrei geklärt. Möglicherweise hatten die Fußlappen im Vergleich zu herkömmlichem Schuhwerk größere Dimensionen oder aber den Landknechten wurden besonders große Füße nachgesagt.

Ein X für ein U vormachen

Jemandem ein X für ein U vorzumachen heißt, denjenigen zu täuschen. „Ich weiß, worauf du hinauswillst. Du kannst mir kein X für ein U vormachen!" Das U steht im lateinischen Alphabet für das V, welches gleichzeitig ein Zahlenzeichen für fünf ist oder eben ein halbes X, das Zeichen für zehn. Wenn nun jemand versuchte, zum Beispiel auf einer Schuldentafel, aus dem V ein X zu machen, dann unternahm er den Versuch, den anderen zu täuschen, genauer gesagt zu betrügen.

Offiziell und amtlich

Nicht nur in der Technik ist man darum bemüht, seine eigene Sprache zu entwickeln. Gleiches gilt auch für die Bürokratie, quasi von Amts wegen, und wer einmal den Amtsweg beschreiten musste, der weiß, wie leicht man den Durchblick verliert. Allerdings verliert man ihn aus einem anderen Grund als beim Lesen einer Gebrauchsanweisung. Bürokraten, so scheint es, haben offensichtlich das Bestreben, sich in ihrer Welt komplett abzuschotten. Sie verkriechen sich nicht nur hinter dicken Türen in dunklen Amtsstuben. Sie haben auch ihre ganz eigene Ausdruckswelt geschaffen, zu der nur Eingeweihte Zutritt haben. Vermutlich wollen sie einfach nur unter sich bleiben.

Nun soll nicht der Eindruck entstehen, dass eine Fachsprache nicht durchaus einen Nutzen haben kann. Man versteht sich untereinander, und darauf kommt es gelegentlich an. Es geht nicht um die Schönheit der Sprache, sondern um ihre Zweckmäßigkeit und in manchen Bereichen kann genau dies lebensnotwendig sein. Man denke beispielsweise an die Fliegerei. Missverständnisse in der Kommunikation können fatale Folgen haben ...

Etwas verwunderlich ist es dann schon, dass manch ein Wort aus dem Amtsvokabular seinen Weg in die Außenwelt gefunden hat. Erfreulich ist aber vor allem, was von den nicht Eingeweihten aus manchen dieser Fachbegriffe gemacht wurde.

Amtsschimmel

Der Amtsschimmel wurde zum ersten Mal im 19. Jahrhundert geritten, und zwar in Österreich. Jenes seltsame Tier hat aber weder mit seinen vierbeinigen Verwandten noch mit dem Schimmelpilz etwas zu tun, der sich durch die enorm lange Zeit, die in dunklen Amtsstuben vergeht, auf manchen Dokumenten ansammelt. Vielmehr handelt es sich um eine Verballhornung des Wortes „Simile". So hieß ein Standardformular in der österreichischen Monarchie, der eingeführt wurde, um ähnliche Anliegen (lat. simile = ähnlich) schematisch und schnell erledigen zu können.

Vom Amtsschimmel spricht man immer dann, wenn man ein Übermaß an Bürokratie anprangern möchte – auch wenn der ursprüngliche Amtsschimmel, jenes berühmte Musterformular, einst eingeführt wurde, um bürokratische Auswüchse einzudämmen.

Ein Armutszeugnis ausstellen

Das Armutszeugnis konnte man sich in früheren Zeiten tatsächlich ausstellen lassen – amtlich und offiziell. Es handelte sich um eine Bescheinigung, die man benötigte, um Armengeld zu beantragen.
Die übertragene Bedeutung ist ab dem 19. Jahrhundert überliefert. Vom Armutszeugnis spricht man immer dann, wenn jemand nicht in der Lage ist, etwas zu bewerkstelligen, wozu er eigentlich in der Lage sein müsste. Es wird unterschwellig immer unterstellt, dass es sich um eine Schande, mindestens aber um eine Peinlichkeit handelt.
Besonders gern wird die Redewendung in der Politik verwendet. Dort wird man nicht müde, seinem politischen Gegner bei jeder Gelegenheit ein Armutszeugnis auszustellen, und immer wieder hört man Sätze wie: „Ihre Partei kann sich ein Armutszeugnis ausstellen lassen, wenn sie noch nicht einmal

in der Lage ist, einen einfachen Gesetzesentwurf zu
formulieren!"
Weit verbreitet ist das Armutszeugnis auch im
Sport, wo es gelegentlich sogar als Bild verwendet
wird, um Selbstkritik zu äußern: „Dass wir als amtie-
render deutscher Meister nicht einmal mehr gegen
den Tabellenletzten gewinnen können, ist schon ein
Armutszeugnis."

Alle Jubeljahre

Etwas, das nur äußerst selten vorkommt, passiert
alle Jubeljahre. „Alle Jubeljahre hat unser Amt am
Samstag geöffnet."
Das Jubeljahr kehrte nach dem Gesetz Moses alle
50 Jahre wieder und wurde mit einem Widderhorn
eingeblasen. Jubeljahre waren heilige Jahre – auch
Halljahre genannt –, in denen alle Schulden erlassen
und Sklaven freigelassen wurden.
Im Mittelalter führte Papst Bonifatius VIII. das kirchli-
che Jubeljahr ein, in dem alle Kirchenstrafen erlassen
wurden. Das Jubeljahr der Christen kehrte zunächst
in Abständen von 100 Jahren wieder. Die Zeiträu-
me zwischen den Jubeljahren wurden später verkürzt. Zunächst auf 50 Jahre, dann auf 33 Jahre und
schließlich auf 25 Jahre. Verwandt mit dem Jubeljahr
ist das Jubiläum.
Auch wenn ein Jubeljahr seit jeher viel Anlass zur
Freude bietet – man denke an die freigelassenen
Sklaven –, dürfte es nichts mit „jubeln, jubilieren" zu
tun haben, was auf das lateinische „iubilare" (jauch-
zen) zurückgeht. Dieser Jubel ist abgeleitet vom
lateinischen „iubilum", dem Freudenruf der Hirten
und Jäger.

Mayday

Jeder kennt diesen Notruf aus zahlreichen amerikanischen Katastrophenfilmen, in denen Flugzeuge kurz vor dem Absturz stehen oder Schiffe in Seenot geraten, aber warum wird immer wieder dieser ominöse „Maitag" beschworen, wenn es ans Eingemachte geht?

Tatsächlich beginnt der in der Luft- und Seefahrt international gebräuchliche Notruf mit einer dreimaligen Wiederholung: Mayday, Mayday, Mayday.

Daraufhin werden bestimmte Funkfrequenzen ausschließlich für die in Not geratenen Flugzeug- oder Schiffsbesatzungen freigehalten.

Den Ursprung hat der Begriff im Französischen, wo „m'aider!" soviel bedeutet wie: „mir helfen!" beziehungsweise „mir zur Hilfe!"

Erkennbar ist diese Abstammung vor allem noch in der Seefahrt, wo Mayday – außer in amerikanischen Katastrophenfilmen – tatsächlich als „M'aider" (auf Deutsch etwa: mädee") ausgesprochen wird.

Nullachtfünfzehn (08/15)

Mit dem vorangestellten Zusatz nullachtfünfzehn oder auch null-acht-fuffzehn bezeichnet man einfallslose, gelegentlich auch sinnlose Abläufe oder Verhaltensweisen, die immer nach dem gleichen Schema ablaufen: „Deine Nullachtfünfzehn-Ausreden kannst du dir genauso gut sparen."

Das MG 08/15 war ein Maschinengewehrtyp, der 1908 und 1915 verbessert wurde und im Ersten Weltkrieg zum Einsatz kam. Die Verbreitung von „nullachtfünfzehn" in der heutigen Verwendung geht zurück auf den Roman 08/15 von H.H. Kirst aus dem Jahr 1954. Kritisch dargestellt wurden dort die monotonen Abläufe während des Soldatendaseins, zum Beispiel der Maschinengewehrdrill, aber auch andere sinnlose Übungen.

Alles Roger

Wer ist jener Roger, der in amerikanischen Filmen – vor allem in Militärfilmen und Filmen, in denen irgendwelche Flugzeuge vorkommen – immer wieder gerufen wird?
Die Antwort ist ebenso simpel wie unspektakulär. Roger entstammt der Buchstabiertafel, die im Funkverkehr des amerikanischen Militärs oder auch im britischen Seefunk verwendet wird und steht dort für den Buchstaben „R". Als Antwort auf eine Frage oder Anweisung steht „Roger" beziehungsweise der Buchstabe „R" für „received", was bedeutet, dass man die Frage beziehungsweise Anweisung verstanden hat. Im Deutschen hat Roger in der Form „alles Roger" – alles in Ordnung – Eingang in die Umgangssprache gefunden.

Schema F

Wirft man jemandem ein Vorgehen nach Schema F vor, dann unterstellt man ihm große Einfallslosigkeit. Schema F steht für geistige Unbeweglichkeit, das Verharren in grauer Routine. „Seinen Unterricht gestaltet unser Deutschlehrer schon seit Jahren nach Schema F." Das Schema F geht zurück auf eine Pflichtübung beim deutschen Militär: das Verfassen eines so genannten „Frontrapports", der jederzeit Auskunft über die Kriegsbereitschaft der Truppe gab. Für diesen Frontrapport gab es ein Standardformular, das immer auf dieselbe Weise ausgefüllt wurde, nach „Schema Frontrapport", nach Schema F also.

Schmiergeld

Wer Schmiergeld kassiert, der ist bestechlich. Der Grund, um jemanden zu bestechen: Für denjenigen, der bezahlt, läuft es anschließend wie geschmiert. Der Begriff Schmiergeld soll einer populären Theorie zufolge auf die Zeit zurückgehen, in der die Postkutschen das Hauptverkehrsmittel waren. Wollte ein Fahrgast bequemer und schneller befördert werden, dann musste er dem Kutscher einen zusätzlichen Betrag zahlen, damit dieser die Achsen schmierte, was zweierlei positive Auswirkungen hatte: Erstens lief der Wagen schneller und zweitens quietschte er nicht – eine große Annehmlichkeit. Ebenfalls denkbar und etwas wahrscheinlicher ist eine ganz andere Herleitung: Schmieren bedeutet neben einfetten auch noch lächeln. Demzufolge wäre das Schmiergeld das Geld, das einen zum lächeln bringt, also in gute Stimmung versetzt. Ein dritter Erklärungsansatz geht in die gleiche Richtung. Schmieren wird dabei gesehen als eine geringschätzige Bezeichnung für salben. Gesalbt wurden in der Regel nur Könige. Demnach wäre das Schmiergeld eine scherzhafte Anspielung darauf, dass derjenige, der es erhält, höher gestellt wird. Zumindest soll er sich so fühlen, damit er dem Schmierenden gewogen ist.

Kleine Gaunereien

 Neben den Bürokraten gab es früher noch eine weitere Gruppe, die lieber unter sich blieb: die Gauner. Und daran hat sich bis auf die Tatsache, dass die Definition für Gauner heute eine etwas andere ist, nicht viel geändert.

Dass es eine ganze Menge Redewendungen gibt, die mit den kleinen Gaunereien zu tun haben, liegt wahrscheinlich daran, dass es einerseits einer sehr bildhaften Sprache bedarf, um die Schmerzen und die Schmach, die man als Opfer gemeiner Gaunereien empfindet, in angemessener Weise nachvollziehbar zu machen. Andererseits rühmt man sich seiner Untaten als Ganove gern ebenso bildreich.

Früher gab es zu diesem Zweck sogar eine eigene inoffizielle Gaunersprache, das Rotwelsch. Diese beinahe schon eigenständige Sprache wurde früher von all jenen gesprochen, die aus Sicht der „ehrbaren Bürger" einen „unehrlichen Beruf" ausübten und mitunter auch als Gauner bezeichnet wurden.

Zu diesen „unehrlichen Berufen" zählte man beispielsweise Hausierer, Schausteller, Scherenschleifer und alle anderen, die keinen festen Wohnsitz hatten. Auch andere Berufe wurden nicht hoch angesehen, wie etwa der Scharfrichter, der Abdecker, bisweilen auch der Köhler, der Müller oder andere. Der sprachliche Fundus, aus dem man sich bei der Erschaffung neuer Sprachbilder bedienen konnte, war also riesig.

Jemandem etwas abknöpfen

Wenn man jemandem etwas abknöpft, dann in aller Regel Geld, und zwar auf eine Art und Weise, die beim „Erleichterten" ein gewisses Gefühl von Unbe-

hagen zurücklässt. „Die Geschwindigkeitsüberschrei-
tung war doch wirklich nicht der Rede Wert, und
trotzdem hat mir die Polizei 50 Euro abgeknöpft.
Unverschämtheit!"

Diese Redewendung hat ihren Ursprung in Zeiten,
in denen Knöpfe an der Jacke tatsächlich noch einen
echten materiellen Wert hatten, weil sie aus Gold
oder Silber gefertigt waren. Als Zeichen der besonderen Wertschätzung wurden diese Knöpfe hin und
wieder verschenkt, beispielsweise vom Herrn des
Hauses an seine Bediensteten.

Wodurch das Abknöpfen den negativen Unterton
erhalten hat, ist unklar. Vielleicht war es ja der Neid
derer, die selbst nicht in der Gunst standen, und so
hatten sie das Gefühl, es sei etwas Unrechtmäßiges
geschehen. Aber wie schon gesagt – das ist alles
Spekulation.

Jemandem etwas abluchsen

Abluchsen ist eine feine Umschreibung dafür, dass
man einem anderen etwas abschwatzt beziehungsweise durch eine List in seinen Besitz bringt. Im
Gegensatz etwa zum Abknöpfen hat das Abluchsen
keinen negativen Beigeschmack. Ganz im Gegenteil
schwingt eine Art Bewunderung mit. Die Intelligenz,
mit der ein Ding abgeluchst wurde, wird durchaus
anerkannt.

Das Abluchsen hat übrigens nichts mit dem Luchs
zu tun, sondern ist abgeleitet vom niederdeutschen
Wort „luken", was soviel bedeutet wie ziehen, zup-
fen oder auch saugen. Eine abgeluchste Sache wird
also wörtlich von jemandem weggezogen oder auch
ausgesaugt.

Jemandem einen Denkzettel verpassen

Wenn man jemandem einen Denkzettel verpasst, dann bestraft man ihn, und zwar so, dass es weh tut – früher in der Regel dadurch, dass man ihn verprügelte. Der Grund ist ganz einfach: Der Bestrafte soll noch lange Zeit an diese Strafe zurückdenken, um nicht noch einmal auf falsche Gedanken zu kommen. „Dem habe ich einen Denkzettel verpasst. Das macht der nicht noch einmal mit mir."

Woher der Denkzettel – zunächst nichts weiter als ein Merkzettel, ein Schriftstück also, das einen beispielsweise an einen Termin erinnert – die Bedeutung von „bestrafen" erhalten hat, ist nicht einwandfrei zu belegen. Möglicherweise besteht der Zusammenhang darin, dass Gerichtsvorladungen auf eben jenen Denkzetteln verschickt wurden, und wo das Gericht im Spiel ist, ist die Strafe nicht weit. Die eingeschränkte Bedeutung „jemanden verprügeln" ist wahrscheinlich auf die Verwendung des Begriffs in der Schule zurückzuführen.

Geldschneider

Als Geldschneider bezeichnet man jemanden, der darauf aus ist, übermäßigen Gewinn zu erzielen. Wer an einen Geldschneider gerät, wird nicht selten von dem Gefühl beschlichen, er sei übers Ohr gehauen, mit anderen Worten betrogen worden. Den Vorgang bezeichnet man als Geldschneiderei. „20 Euro für ein Glas Bier – das ist ja wohl Geldschneiderei!"
Der Geldschneider hat seinen Namen nicht etwa

daher, dass er sich aus der Unwissenheit oder Unbe-
darftheit anderer ein kleines Vermögen zusammen-
schneidert. Vielmehr geht der Begriff auf die Zeit
zurück, in der die Geldmünzen noch einen echten
Materialwert hatten, weil sie aus Gold oder Silber
gefertigt waren. Ein Geldschneider war einer, der die
Münzen am Rand beschnitt – gerade so weit, dass
es nicht auffiel –, um sich ungerechtfertigt zu bereichern.

Etwas auf dem Kerbholz haben

Wer etwas auf dem Kerbholz hat, der hat eine nicht
ganz blütenweiße Weste oder anders ausgedrückt:
Er hat in der Vergangenheit etwas Unrechtes oder
eine Straftat begangen. Die Redewendung ist zurückzuführen auf das Kerbholz, das bis ins 18. Jahrhundert gebräuchlich war. Eigentlich handelt es sich um
zwei gleichlange Holzstücke. Beim Abwickeln von
Geschäften wurden Warenlieferungen, Arbeitsleis-
tungen oder auch Schulden durch eine Kerbe auf
dem Kerbholz markiert. Zum späteren Nachweis
wurden beiden Seiten – beispielsweise dem Gläubi-
ger und dem Schuldner – je eine Hälfte ausgehän-
digt. Legte man dann beide Hölzer nebeneinander,
konnte man erkennen, ob sich die Kerben auf beiden
Teilen an der gleichen Stelle befanden und somit
Gültigkeit besaßen.

Jemanden übers Ohr hauen

„Letztens in Italien sind wir ganz schön übers Ohr
gehauen worden. Das Essen war auf den ersten

Blick gar nicht so teuer, aber zusätzlich noch die Kosten für den Service und das Gedeck – eine Unverschämtheit!"

Haut einen heutzutage jemand übers Ohr, dann wird er in aller Regel nicht mehr handgreiflich, sondern begnügt sich damit, einen zu betrügen. In früheren Zeiten war dies noch anders. Die Redewendung entstammt der Fechtersprache, und übers Ohr hauen bedeutete, jemandem einen Hieb auf den Kopf zu verpassen, oberhalb der Ohren, was eine sehr schmerzhafte Angelegenheit war. Später wurde „jemanden übers Ohr hauen" bildlich verwendet für „jemandem übel mitspielen".

Heute ist die Bedeutung eingeschränkt auf betrügerische Handlungen. Zwar tut es noch immer weh, wenn man übers Ohr gehauen wird, aber in erster Linie finanziell.

Der hat es faustdick hinter den Ohren

Oder anders ausgedrückt: Wer es faustdick hinter den Ohren hat, der ist gerissen, durchtrieben. „Er sieht so harmlos aus, als könnte er kein Wässerchen trüben, aber in Wirklichkeit hat er es faustdick hinter den Ohren."

Die Wendung geht auf einen alten Volksglauben zurück, der besagt, dass Schalk und Verschlagenheit als kleine Dämonen hinter den Ohren sitzen, zu erkennen an dicken Wülsten an jener Stelle hinter den Ohren. Eine gründliche Reinigung dieser Körperregion würde wohl kaum helfen, die Durchtriebenheit auszumerzen ...

Quacksalber

Als Quacksalber bezeichnet man jemanden, der seine Heilkünste lautstark anpreist, ohne sie wirklich zu besitzen. Man unterstellt ihm, dass seine Methoden völlig unwissenschaftlich sind und viel entscheidender keinerlei positive Wirkung haben – außer für den eigenen Geldbeutel.

Das Wort ist möglicherweise aus dem niederländischen „kwakender Salber" (kwaken: dummes Zeug reden; Salber: Salbenverkäufer) übernommen worden. Quacksalber waren ursprünglich eine Art Marktschreier, die mit ihren Wagen von Stadt zu Stadt reisten und oft mit großem Erfolg ihre neuesten Wundermittel anpriesen – und für teures Geld verkauften.

Oft wird der Quacksalber mit einem Scharlatan gleichgesetzt, was aber nicht ganz richtig ist, weil letzterer von vornherein betrügerische Absichten verfolgt. Dem Quacksalber kann man immerhin noch zugute halten, dass er zwar keine Ahnung hat, es aber wenigstens gut meint.

Der Grund für die mittlerweile ausschließlich negativen Assoziationen, die der Quacksalber hervorruft, dürfte darin liegen, dass er die Grundlagen für seine Heilkunst nicht nach allgemein anerkannten wissenschaftlichen Methoden herleitet oder nachprüfbar macht. Als Quacksalberei werden heute einige „alternative Heilmethoden" bezeichnet, deren Wirkung nicht mit umfassenden Studien überprüfbar ist. Auch die Homöopathie wird gerne von einigen unverbesserlichen Schulmedizinern als Quacksalberei bezeichnet. Als Inbegriff des Quacksalbers gilt nach wie vor der berühmte Doktor Eisenbart, der seine ganz eigenen Vorstellungen von der Medizin hatte.

Etwas im Schilde führen

Derjenige, der etwas im Schilde führt, hegt keine
guten Absichten, aber niemand weiß genau, welche Schurkerei er plant. „Nehmt euch vor dem in
Acht! Der führt etwas im Schilde." Die Wendung
geht wohl auf die Ritterzeit zurück. Damals trugen
die Ritter auf ihren Schilden und Rüstungen ihre
Wappen. Jeder konnte sofort erkennen, wen er
vor sich hatte – Freund oder Feind. Dies war nicht
möglich, wenn man sein Zeichen im Schilde, also
versteckt führte – bei einem Ritter undenkbar.

Schmiere stehen

Schmiere hat in diesem Zusammenhang nichts mit
Fett oder Creme zu tun. Wenn Gauner Schmiere
stehen, um ihre Gaunerkollegen bei ihren Gaunereien
rechtzeitig vor etwaigen „Störenfrieden" warnen
zu können, dann tun sie das auch in ihrer eigenen
Sprache, der Gaunersprache, dem Rotwelschen.
Ursprünglich abgeleitet ist das Wort vom hebräischen „schmire, schemire, schmir", was schlicht und
ergreifend „Wache" heißt.

Jemandem etwas in die Schuhe schieben

Wer einem anderen etwas in die Schuhe schiebt,
der schiebt ihm die Schuld für etwas zu, das er nicht
zu verantworten hat – meistens, um die eigene
Schuld zu vertuschen. „Diesen Unfall lasse ich mir

nicht in die Schuhe schieben. Schließlich haben Sie
mir die Vorfahrt genommen." Diebe nutzten früher
die Gelegenheit, ihr Diebesgut anderen Leuten in
die Schuhe – oder in andere Kleidungsstücke – zu
schieben, bevor sie sich bei der Übernachtung
in einer Herberge schlafen legten. Im Falle einer
Durchsuchung konnte man ihnen so nichts nachweisen. Derjenige hingegen, dem etwas in die Schuhe
geschoben wurde, kam in schwere Bedrängnis.

Schwedische Gardinen

Hinter schwedischen Gardinen sitzt für gewöhn-
lich derjenige, der etwas ausgefressen hat. „Gauner
Ede kann es nicht gewesen sein. Er sitzt momentan
hinter schwedischen Gardinen." Diese Umschreibung für ein Gefängnis rührt daher, dass in früheren
Zeiten der Stahl aus Schweden im Vergleich zu dem
aus anderen Ländern besonders hart und somit
ausbruchsicher war, und deshalb für die Herstellung
von Gefängnisgittern besonders beliebt war.

Sich aus dem Staub machen

Wer sich aus dem Staub macht, der verschwindet
möglichst schnell und heimlich, um sich vor einer
Unannehmlichkeit zu drücken. „Der Verursacher
des Unfalls machte sich aus dem Staub." Vermutlich
stammt die Wendung vom Desertieren: Der bei
einer Schlacht aufgewirbelte Staub macht den Flüch-
tenden unsichtbar.

Politisch

Unsere Redewendungen kommen aus den verschiedensten Bereichen, ob aus der Jagd, aus dem Krieg, aus dem Handwerk, aus der Küche oder aus dem Tierreich. Es gibt eigentlich keinen Lebensbereich, aus dem man sich nicht bedient hat.

Interessant aus unserer Sicht ist aber nicht ausschließlich die Herkunft der sprachlichen Bilder, sondern vor allem auch ihr häufiges Auftauchen in der Alltagssprache. Lange Zeit war es so, dass Redewendungen immer nur dort gebräuchlich waren, wo sie ihren Ursprung hatten. Die Ausdrücke, die beispielsweise aus Studentenkreisen kamen, wurden beinahe ausschließlich dort verwendet. Anderswo galten sie als unschick.

Dass sie inzwischen so weit verbreitet sind, liegt mit Sicherheit auch an einem geschwundenen Ständebewusstsein. Man fühlt sich nicht mehr unbedingt einer bestimmten Gruppe zugehörig. Wenigstens legt man bis auf wenige Ausnahmen – ein Sonderfall ist die Jugendsprache – keinen großen Wert mehr auf eine eigene Ausdrucksweise.

Ein großer Verdienst gebührt aber auch der Politik beziehungsweise den Politikern, die nicht nur für alle Bürger da sein wollen, sondern sich darüber hinaus berufen fühlen, sprachliche Integrationsarbeit zu leisten, und so wurden verschiedene, früher verpönte sprachliche Wendungen erst mit der öffentlichen Aussprache durch einen Politikermund salonfähig. Manche davon scheinen in Politikerkreisen bis heute besonders beliebt zu sein.

Etwas auf die lange Bank schieben

Etwas, das auf die lange Bank geschoben wird, wird nicht sofort erledigt, sondern auf später verschoben.

„Es nützt nichts, die Probleme auf die lange Bank zu schieben. Dadurch wird die Lage nicht verbessert." Die „lange Bank" stand in früheren Zeiten im Gerichtssaal. Es handelte sich dabei um lange, bankähnliche Truhen, die der Aufbewahrung von Akten dienten. Akten – beziehungsweise die entsprechenden Rechtsfälle –, die dort abgelegt wurden, zogen sich sehr in die Länge. Zunächst wurden die Akten verhandelt, die sich auf dem Richtertisch befanden.

Kein Blatt vor den Mund nehmen

Kein Blatt vor den Mund zu nehmen bedeutet, die eigene Meinung – im täglichen Gebrauch der Wendung oft verwechselt mit der Wahrheit – offen auszusprechen. Wer kein Blatt vor den Mund nimmt, der verdient sich durch diesen Mut den Respekt der anderen, so die Annahme, und nicht zuletzt deshalb ist es für Personen des öffentlichen Interesses beinahe schon unverzichtbar geworden, ihre Offenheit zu betonen. „Ich nehme da kein Blatt vor den Mund. Wir brauchen keine großen Reden, sondern Arbeitsplätze."
Die Wendung hat ihren Ursprung in einer alten Theatersitte. Hatten Schauspieler während ihres Auftritts unangenehme Dinge auszusprechen, dann hielten sie sich ein Blatt vor den Mund. Nur so konnten sie es vermeiden, für das Gesagte – dass sie nur eine Rolle spielten, spielte keine Rolle – nicht persönlich zur Rechenschaft gezogen zu werden. Wer kein Blatt vor den Mund nahm, bewies nicht nur eine ganze Portion Mut, sondern auch ein gutes Stück Dummheit, denn er riskierte eine harte Bestrafung.

Durch die Blume

Durch die Blume sagt man unangenehme Dinge –
entweder in Worten oder durch andere Zeichen –,
die man nicht offen aussprechen möchte. „Ich habe
unserem Bürgermeister durch die Blume gesagt,
dass er keine Ahnung von der Politik hat."
Die Redewendung lässt sich wahrscheinlich auf die
früher noch weiter verbreitete – und heute etwas
in Vergessenheit geratene – Blumensprache zurückführen. Jede Blume hatte ihre eigene Bedeutung, und
wenn man jemandem Blumen schenkte, dann wusste
der Betreffende sofort, was das zu bedeuten hatte.
Im Gegensatz zu heute waren es damals nicht
ausschließlich negative Dinge, die man mit Blumen
sagte. Die Bedeutung der roten Rose ist noch heute
weithin bekannt.

Volle Breitseite

Wenn man eine volle Breitseite auf jemanden abgibt,
dann möchte man ihn mit voller Wucht treffen, und
zwar möglichst so, dass er hinterher nicht mehr
zurückschlagen kann. „Zuerst war unser Streit nur
ein harmloses Wortgeplänkel. Ganz unerwartet gab
er mir dann eine volle Breitseite ..." Die Breitseite
kann man geben oder nach Belieben auch abfeuern,
und beim Abfeuern hat die Redewendung auch ihren
Ursprung, genauer gesagt in der Seefahrt. Aufgrund
der Form eines Schiffes ließen sich die meisten
Kanonen auf der „Breitseite" anbringen.
Das wirkungsvollste Verteidigungs- oder auch
Angriffsmittel bestand darin, alle Kanonen auf einmal beziehungsweise kurz nacheinander abzufeuern

– das gibt dann eben eine volle Breitseite. Wenn man heute davon spricht, dass jemand eine volle Breitseite abgefeuert hat, schwingt meist die Bedeutung mit, dass er etwas überzogen reagiert hat.

Eine goldene Brücke bauen

Eine goldene Brücke baut man, um es einem anderen leichter zu machen, eine Schuld oder einen Fehler einzugestehen beziehungsweise nachzugeben, ohne sein Gesicht dabei zu verlieren.
Die Redewendung geht auf eine alte Kriegsweisheit zurück, wonach es besser ist, einem geschlagenen Feind den Rückzug zu erleichtern, wenn nötig sogar tatkräftig zu unterstützen, indem man etwa Brücken baut. Andernfalls riskiert man, dass ein Feind, der sich in einer aussichtslosen Lage befindet, seine letzten Kräfte für eine Verzweiflungsschlacht mobilisiert. Golden ist die Brücke deshalb, weil sie einen besonders hohen Wert hat.

Auf den Busch klopfen

Auf den Busch klopft man, um zu erfahren, was sich darin versteckt. Soll heißen: Durch geschicktes Fragen versucht man, etwas herauszufinden, zu erfahren. „Ich werde bei der Opposition mal auf den Busch klopfen, ob sich der Gesetzentwurf nicht doch umsetzen lässt."
Die Wendung kommt ursprünglich aus der Jägersprache. Wenn man bei der Jagd mit Stangen auf das Gebüsch klopft, scheucht man damit die Tiere in der Umgebung auf, man lockt sie aus der Deckung.

Calamity Jane

Der Name Calamity Jane steht inzwischen auch im deutschen Sprachraum für eine Frau, die den Menschen, denen sie begegnet, nicht nur Kopfzerbrechen bereitet, sondern sie in ernsthafte Schwierigkeiten bringt. Besonders beliebt scheint die Bezeichnung mittlerweile in Politikerkreisen zu sein, wo unliebsame Kolleginnen bisweilen so betitelt werden – worauf diese ihrerseits oft stolz sind.

Das historische Vorbild war die Wild-West-Heldin Martha Jane Cannary Burke, die wegen ihres „männlichen" Auftretens Calamity Jane genannt wurde.

Der Begriff Calamity (übersetzt: Kalamität) kommt vom lateinischen „calamitas" und war ursprünglich ein Unglück in der Landwirtschaft, zum Beispiel ein großes Viehsterben oder ein Ernteschaden durch Unwetter. Wenn man sich auf diese ursprüngliche Bedeutung beruft, könnte man schließen, dass die Begegnung mit einer Calamity Jane einer Naturkatastrophe gleichkommt.

Damoklesschwert

Das Damoklesschwert, das über einem schwebt, ist Ausdruck für eine allzeit drohende Gefahr. „Er konnte nicht in Ruhe seinen Geschäften nachkommen, ohne ständig an das Damoklesschwert zu denken, das über ihm schwebte."

Das Schwert des Damokles geht auf die Geschichte des Höflings Damokles zurück, der am Hof des Tyrannen Dionysos lebte. Als er einst seinem König sagte, er müsse der glücklichste Mensch unter der Sonne sein, bot dieser ihm an, für einen Tag seinen

Platz einzunehmen. Über dem Thron ließ Dionysos ein Schwert an einem dünnen Pferdehaar befestigen, um Damokles zu verdeutlichen, dass das Glück buchstäblich an einem dünnen Faden hängt.

Sich mit fremden Federn schmücken

Mit fremden Federn schmückt sich derjenige, der die Leistung eines anderen als seine eigene ausgibt. „Wer keine eigenen Ideen hat, der muss sich eben mit fremden Federn schmücken, oder sehe ich das falsch, Herr Kollege?!"
Das Bild bezieht sich auf eine alte Fabel des griechischen Dichters Aesop, in der sich eine Krähe mit Pfauenfedern schmückt, um mehr zu gelten. Sie meidet fortan ihre Artgenossen und mischt sich unter die Pfauen. Diese jedoch erkennen das falsche Spiel, entreißen der Krähe ihre falschen Federn und vertreiben sie. Ähnlich schmerzhaft ergeht es auch heute noch jenen, die sich mit fremden Federn schmücken und dabei auffliegen. In jedem Fall eine peinliche Erfahrung.

Weg vom Fenster

Wer weg vom Fenster ist, der hat seinen Einfluss beziehungsweise seine Bedeutung verloren. „Nach einer Reihe von unklugen Äußerungen hat er sich selbst ins Abseits manövriert. In seiner Partei ist er erst mal weg vom Fenster."
Mit dem Fenster ist hier der Fensterplatz gemeint, der Platz an dem man gesehen wird, der Platz an der Sonne. Ein Platz am Fenster gilt gemeinhin als bevorzugt.

Scherzhaft wird die Wendung gelegentlich auch als Umschreibung für den Tod verwendet. „Unsere neugierige Nachbarin ist jetzt wohl endgültig weg vom Fenster. Sie hat vor einer Woche das Zeitliche gesegnet."

Jemanden auf etwas festnageln

„Kann ich Sie später darauf festnageln?" Diese Frage wird gern gestellt, um sich zu vergewissern, ob eine Absicht ernsthaft beziehungsweise eine Aussage verlässlich ist.

Die Redewendung soll auf den bäuerlichen Brauch zurückgehen, Raubvögel an Scheunentore zu nageln, als Zeichen der Abschreckung sozusagen, um die Artgenossen davon abzuhalten, die Tiere des Bauern anzugreifen.

Die Bedeutungswandlung vom „Abschrecken" hin zum „Verlässlichkeitstest" ist nicht unbedingt nachvollziehbar, manche Menschen bekommen aber tatsächlich einen Schreck, wenn andere sie festnageln möchten, etwa Politiker, die auf ihre Wahlversprechen festgenagelt werden, oder der Liebhaber, den seine Holde auf ein leichtfertig dahergesagtes Heiratsversprechen festnageln möchte.

Fisimatenten

Die Fisimatenten sind eigentlich leere Ausflüchte oder Winkelzüge, die meistens als „Fisimatenten machen" beziehungsweise „keine Fisimatenten machen" auftauchen. „Mach mir jetzt bloß keine Fisimatenten!" Vermutlich sind die Fisimatenten – das Wort exis-

tiert nur in seiner Pluralform – eine verlängerte
Form des frühneuhochdeutschen „fisiment"
(bedeutungsloser Zierrat, Unsinn, Blödsinn).
Eine andere, weit verbreitete Überlieferung führt
die Fisimatenten auf die französische Besatzungszeit
in Berlin zurück. Dort sollen die Offiziere, die an
den Berliner Mädchen Gefallen gefunden hatten,
diesen immer wieder zugerufen haben: „Visitez ma
tente!" (Übersetzt: Kommen Sie mich in meinem
Zelt besuchen!). Entsprechend mahnten die Berliner
ihre Töchter: „Mach mir keene Fisimatenten mit den
Franzosen da!"
Im Sinne von „Dummheiten" beziehungsweise
„Scherereien machen" sind die Fisimatenten auch
heute geläufig, auch wenn diese Auslegung der
eigentlichen Bedeutung nicht ganz entspricht.
Ganz zweifelsfrei kann die Herkunft der Fisimatenten nicht belegt werden, die witzige Geschichte mit
den liebestollen französischen Soldaten dürfte aber
mit dem Ursprung des Wortes nur sehr wenig zu
tun haben.

Hammelsprung

Der Hammelsprung ist die zunächst scherzhafte,
heute auch salonfähig gewordene Bezeichnung für
ein parlamentarisches nicht geheimes Abstimmungs-
verfahren, bei dem alle Abgeordneten zunächst den
Saal verlassen. Dabei folgen sie den Parteiführern
wie die Schafherde ihrem Leithammel. Zur Abstim-
mung betreten sie den Saal entweder durch die Ja-,
Nein- oder Enthaltungs-Tür.
Der Begriff wurde in den 70er Jahren des 19. Jahrhunderts in Berlin geprägt.

Eine Hand wäscht die andere

Der Ausspruch geht zurück auf das lateinische Original „manus manum lavat", das sich bis zum römischen Philosophen und Dichter Seneca zurückverfolgen lässt, und besagt, dass für eine erbrachte Leistung auch eine Gegenleistung erbracht werden muss. „Ich erzähle Ihrer Frau nichts von Ihrer Affäre; dafür setzen Sie sich beim Chef für meine Beförderung ein. Eine Hand wäscht die andere."
Die Herkunft dieses Bildes liegt im wahrsten Sinne des Wortes auf der Hand: Wenn man sich die Hände in der bis heute üblichen Form wäscht, dann sind am Ende beide sauber. Streiten ließe sich höchstens darum, ob es sich um eine Redewendung oder um ein Sprichwort handelt. Die Grenzen verschwimmen im vorliegenden Fall.

Kreide fressen

Eine besondere Begabung, die so manchem Menschen – vor allem aber Politikern – nachgesagt wird, ist die Fähigkeit, Kreide zu fressen, das heißt, sich zu mäßigen und zahm zu geben. Wer Kreide frisst, der spricht nicht offen aus, was er vorhat, sondern verbirgt seine wahren Absichten, so lange dies opportun ist. Er redet schön und er sagt das, was die anderen gern von ihm hören möchten. „Wenn er es in dieser Partei zu etwas bringen möchte, dann muss er noch viel Kreide fressen."
Der Ausdruck geht zurück auf das Märchen „Der Wolf und die sieben Geißlein", in dem der Wolf Kreide frisst, um eine klare und hellere Stimme zu bekommen, damit er die jungen Geißlein täuschen

und sich Zugang zu deren Haus erschleichen kann. Wahrscheinlich handelt es sich bei besagter Kreide aber nicht um jene, mit der man schreibt, sondern um die so genannte Kirschkreide – ein preußischer Ausdruck für Kirschmus –, die aufgrund ihrer Süße wie Balsam auf die Stimmbänder wirkt, vergleichbar mit Honig.

Milchmädchenrechnung

Von der Milchmädchenrechnung spricht man immer dann, wenn man unterstellt, die finanzielle Planung eines Vorhabens entspreche nicht den Gesetzen der Logik oder sei falsch berechnet. „Das ist doch eine Milchmädchenrechnung, die Sie da aufmachen. Ihre Berechnungsgrundlage ist völlig falsch."
Der Begriff geht zurück auf eine Fabel von Jean de la Fontaine, in der das Milchmädchen Perrette überlegt, was sie mit dem Geld anfangen will, das sie für den Verkauf ihrer Milch erhalten wird. Vor lauter Freude darüber, was sie sich alles wird leisten können, wird sie übermütig und verschüttet die Milch. Damit fehlt ihr dann allerdings die Grundlage für die Verwirklichung ihrer Träume.

Das ist kein Pappenstiel

Wenn etwas kein Pappenstiel ist, dann ist es keine Kleinigkeit oder anders herum ausgedrückt: Es ist durchaus der Rede Wert. „15 Prozentpunkte weniger als bei den letzten Wahlen, das ist kein Pappenstiel. Da müssen wir uns ernsthafte Gedanken machen."

Die Herkunft des Pappenstiels ist nicht ganz geklärt,
aber wahrscheinlich handelt es sich um eine Abkürzung des „Pappenblumenstiels", was nicht etwa eine
Blume aus Pappe ist, sondern die „Pfaffenblume",
eine andere Bezeichnung des Löwenzahns.
Die Bedeutung von wertlos oder unbeständig ist
darauf zurückzuführen, dass die Samen der verblüh-
ten Blume leicht weggeweht werden können.

Jemandem Paroli bieten

„Das kann man sich nicht länger gefallen lassen! Gibt
es denn niemand, der diesem Kerl endlich mal Paroli
bietet?" Jemandem Paroli bieten heißt, demjenigen
etwas entgegenzusetzen.
Paroli ist ein Begriff aus dem Pharospiel, einem Kartenspiel. Jemand, der Paroli bietet, verdoppelt den Einsatz, setzt der anderen Partei also etwas entgegen.

Ross und Reiter nennen

Wer Ross und Reiter nennt, der nennt die Urheber
von etwas beim Namen. „Es ist jetzt einmal an der
Zeit, Ross und Reiter zu nennen. Sie haben diese
Vorgehensweise doch damals höchstpersönlich
angeordnet."
Die Herkunft dieser Redewendung ist unsicher, sie
führt aber möglicherweise zurück ins Mittelalter.
Bei Ritterturnieren wurden die Ritter beim Namen
aufgerufen. Damit wusste jeder, mit wem er es zu
tun hatte. Dies war keineswegs selbstverständlich,
denn der Ruf eines Ritters war oft bekannter als
sein Äußeres.

Jemandem Sand in die Augen streuen

Wer einem anderen Sand in die Augen streut, der versucht, ihn zu täuschen. „Mit Ihren schönen Worten versuchen Sie doch nur, den Wählern Sand in die Augen zu streuen, aber glauben Sie ja nicht, dass Sie damit Erfolg haben werden. Ihre wahren Absichten sind doch leicht zu durchschauen."

Jemandem Sand in die Augen zu streuen ist ein unfaires Mittel bei diversen Zweikämpfen. Man möchte damit erreichen, dass der Gegner kurzzeitig nichts mehr sieht, um sich selbst einen unlauteren Vorteil zu verschaffen. Ein fieser Trick, der vor allem dann angewendet wird, wenn man ins Hintertreffen zu geraten droht, oder wenn man beinahe schon besiegt wurde.

Jemandem die Stange halten

Wenn man jemandem die Stange hält, dann tritt man für ihn ein, ist ihm treu ergeben, lässt ihn nicht im Stich. „Er hat seinem treuen Freund auch in diesen schweren Zeiten die Stange gehalten."

Die hier gemeinte Stange ist die Stange eines mittelalterlichen Kampfrichters, mit der er den in einem Duell Unterlegenen vor seinem Gegner schützen konnte.

In der Schweiz hat die Redewendung auch noch eine andere Bedeutung. Jemandem die Stange halten heißt dort auch noch so viel wie sich gegen jemanden zu behaupten oder sich gegen jemanden durchzusetzen.

Jemandem den schwarzen Peter zuschieben

Wer einem anderen den schwarzen Peter zuschiebt, der wälzt Unannehmlichkeiten von sich auf einen anderen ab. „Er selbst wollte die Kündigung nicht aussprechen, also schob er kurzerhand seinem Stellvertreter den schwarzen Peter zu."

Die Wendung leitet sich ab vom Kartenspiel „Schwarzer Peter", das auf den berüchtigten Räuber Schinderhannes zurückgehen soll. Es handelt sich um ein Quartettspiel, bei dem eine Karte – der schwarze Peter – in keine der Serien passt. Wer am Ende des Spiels den schwarzen Peter in der Hand hält, hat verloren.

Von Tuten und Blasen keine Ahnung haben

Jemand, der von einer Sache rein gar nichts versteht, der hat keine Ahnung von Tuten und Blasen. „Den Kollegen Huber brauchen Sie in dieser Angelegenheit nicht fragen. Der hat doch von Tuten und Blasen keine Ahnung."

Das Tuten, das Blasen des Horns, war im Mittelalter die typischen Tätigkeit eines Nachtwächters. Ansonsten erforderte dieser Beruf keine besonderen Qualifikationen, weshalb Nachtwächter auch nicht gerade als die intelligentesten Menschen galten. Vermutlich leitet sich daher auch diese Redewendung ab. Wer noch nicht einmal diese einfachen Dinge erledigen kann, den braucht man in schwierigen Fragen nicht zu Rate ziehen.

Mit allen Wassern gewaschen

Mit allen Wassern gewaschen sind Menschen, die
aufgrund ihrer großen Erfahrung sehr gewitzt sind,
also alles andere als naiv. „In Sachen Wahlkampf
kann man ihm nichts vormachen. Er ist mit allen
Wassern gewaschen."
Mit den Wassern sind ursprünglich die Weltmeere
gemeint. Seeleute, die mit allen Wassern gewaschen
sind, haben schon viele Ozeane befahren, haben viel
erlebt und gelten daher als sehr erfahren. Ob es
allerdings immer von Vorteil ist, mit allen Wassern
gewaschen zu sein, sei dahingestellt.

Ein alter Zopf

Der alte Zopf wird immer dann zitiert, wenn man
zum Ausdruck bringen möchte, dass eine Sache, eine
Idee oder sonst irgendwas veraltet ist und niemanden mehr zu begeistern vermag. „Immer die gleiche
Debatte um die Steuererhöhung! Das ist doch ein
alter Zopf. Seien Sie doch ausnahmsweise einmal
kreativ!"
Bei den alten Zöpfen handelte es sich ursprünglich
um die Zöpfe an den falschen Haaren bestimmter
Herren – zeitweilig waren sie in bestimmten Kreisen
sehr angesagt. Nach der Französischen Revolution
geriet jene Haartracht aber aus der Mode, Perücken,
die einst ein Statussymbol waren, wurden nur noch
von den Konservativen getragen. Teilweise wurden
die alten Zöpfe auch kurzerhand abgeschnitten.

Pädagogisch wertvoll

Politisch nicht immer korrekt, aber stets im Dienste der guten Sache handeln Pädagogen, wenn sie in mühevoller Kleinarbeit versuchen, ihren Schützlingen die Segnungen der modernen Zivilisation nahe zu bringen.

Die Methoden allerdings entsprechen nicht immer den neuesten Erkenntnissen der Psychologie. Gelegentlich wird schon mal der Holzhammer bemüht, um den nicht immer einsichtigen Schülern den Unterrichtsstoff einzutrichtern.

Das Vokabular, das sich von Lehrergeneration zu Lehrergeneration überliefert hat, ist nach wie vor dasselbe wie seit Urzeiten. Dieselben Gesten, dieselben Ansprachen, dieselben Sprüche.

Man könnte fast vermuten, dass die Standardfloskeln, die seit jeher zum Repertoire der Lehrer gehören, erst durch ihren Gebrauch in der Schule zu feststehenden Redewendungen wurden. Möglich wäre es immerhin.

In jedem Fall kann man gewisse Rückschlüsse ziehen. Einer davon lautet: Viele sprachliche Bilder sind schon sehr alt, und bis sich etwas Neues durchsetzt, dauert es seine Zeit.

Da die Redewendungen selbst selten Unterrichtsgegenstand sind, soll in diesem Kapitel der pädagogischen Pflicht genüge getan werden, Aufklärungsarbeit diesbezüglich zu leisten.

Durch die Bank

Durch die Bank bedeutet soviel wie „alle, ohne Ausnahme". „Die letzte Klassenarbeit in Mathematik ist durch die Bank echt gut ausgefallen – nur Einsen!" Die Redensart geht darauf zurück, dass alle, die in einer Bankreihe saßen – zum Beispiel in der Kirche – sozial gleichgestellt waren. Keiner wurde vorrangig behandelt oder benachteiligt.

Brett vor dem Kopf

Das sprichwörtliche Brett vor dem Kopf hat man immer dann, wenn man einen Lösungsweg nicht erkennt oder momentan etwas begriffsstutzig ist. „In meiner letzten Schulaufgabe hatte ich wirklich ein Brett vor dem Kopf."
Die Wendung kommt ursprünglich aus der Landwirtschaft. Störrischen Ochsen hängte man ein Holzbrett vor die Augen, damit sie nichts mehr sahen und sich so leichter führen ließen.
Heutzutage ist das Stück Holz allerdings eher selten eine Bezeichnung für störrische Menschen. Vielmehr gesteht man jedem ein, in bestimmten Situationen einmal keinen klaren Durchblick, eben ein Brett vor dem Kopf zu haben. Möchte man dennoch betonen, dass der mangelnde Durchblick nicht ganz unverschuldet ist, übertreibt man gern einmal: „Mensch, du hast kein Brett mehr vor dem Kopf – das ist schon eher ein ganzer Bretterstapel!"

Aus dem Effeff

Derjenige, der etwas aus dem Effeff beherrscht, ist ein unbestrittener Meister seines Faches, kurzum ein Könner.
Die Herkunft des Begriffes ist jedoch nicht so eindeutig; es gibt mehrere Erklärungsansätze. So könnte das Effeff aus der Sprache der Kaufleute stammen

und die ausgesprochene Form von „ff" sein, wobei
„f" für fein, „ff" für sehr fein steht.
Eine andere Herleitung geht davon aus, dass es sich
bei dem „ff" eher um die Abkürzung für die „Diges-
ten", eine römische Rechtssammlung handelt.
Das „ff" sei eine Entstellung aus einem durchstriche-
nen „D".
Manche Sprachforscher, und zwar solche, die deutsche Sprache aus dem Effeff beherrschen, halten
diese Variante für die wahrscheinlichere, weil sie
dem Gebrauch der Wendung eher entspricht.

Das Ei des Kolumbus

Das Ei des Kolumbus ist eine ebenso einfache wie
geniale Lösung.
Der Begriff geht auf eine Erzählung zurück, wonach
Christoph Kolumbus auf einem Fest zu seinen
Ehren eine geniale Vorführung lieferte. Er forderte
die Anwesenden auf, ein Hühnerei mit der spitzen
Seite nach unten so auf einen Tisch zu stellen, dass
es stehen bleibt. Nachdem sich alle Anwesenden
vergeblich bemüht hatten, stellte er den verblüfften
Zuschauern seine geniale Lösung vor. Er schlug das
Ei einfach leicht auf, sodass die Spitze eingedrückt
wurde, und siehe da: Das Ei stand. Genötigt sah er
sich zu dieser kleinen Demonstration von einem
gewissen Kardinal Mendoza, der es gewagt hatte, die
Entdeckung Amerikas als einfaches Unternehmen zu
bezeichnen.
Ob diese Geschichte sich tatsächlich so zugetragen
hat, sei dahingestellt. In jedem Fall gilt aber: Eine
Lösung mag noch so einfach sein – man muss erst
einmal darauf kommen.

Einbläuen

Entgegen einer weit verbreiteten Meinung, hat das Einbläuen überhaupt nichts mit der Farbe blau zu tun, sondern mit dem Verb bläuen, was schlagen oder klopfen bedeutet. Gebläut wurde beispielsweise die Wäsche beim Waschen oder der Flachs bei seiner Verarbeitung.

Hinter dem Einbläuen steht die Vorstellung, dass man sich Dinge besser merkt, wenn man das Lernen durch Schläge unterstützt. Wenn man jemandem etwas einbläuen möchte, dann möchte man ihn dazu bringen, dass er sich etwas Wichtiges merkt. Tatsächliche Schläge sind – das weiß man heute – aber gar nicht notwendig. Pädagogisch völlig falsch, und dennoch lange Zeit praktiziert, ist es, jemanden so lange zu schlagen, bis er blaue Flecken bekommt. In diesem Sinne wurde der Begriff wohl oft missverstanden.

Eine Eselsbrücke bauen

Die berühmte Eselsbrücke war schon den alten Römern bekannt und geht möglicherweise auf Plinius den Älteren zurück.

Ein Esel, so das Bild, überquert keine Brücke, bei der er das Wasser durch den Belag hindurch sehen kann, und vergleichbar damit schreckt ein Lernender vor einer Aufgabe zurück, sobald er die Schwierigkeit dieser Aufgabe erkennt. Man muss ihm also die Angst nehmen und einen kleinen Umweg gehen, der leichter zu bewältigen ist. Die Eselsbrücke war also ursprünglich Ausdruck für ein Hindernis. Heute ist sie genau das Gegenteil, nämlich eine

Hilfe für den Lernenden, sich bestimmte Dinge zu merken, kurzum ein Merksatz oder eine Gedächtnisstütze. Um eine Eselsbrücke zu bauen, gibt es die verschiedensten Techniken, zum Beispiel Reime wie „753 (sieben, fünf, drei) Rom schlüpft aus dem Ei" für das Gründungsdatum Roms oder Sätze aus Anfangsbuchstaben wie in dem bekannten Merksatz „**M**ein **V**ater **e**rklärt **m**ir **j**eden **S**onntag **u**nsere **n**eun **P**laneten", wobei die Anfangsbuchstaben für die Planeten **M**erkur, **V**enus, **E**rde, **M**ars, **J**upiter, **S**aturn, **U**ranus, **N**eptun und **P**luto stehen, und zwar in abnehmender Entfernung zur Sonne.

Da das ursprüngliche Bild mit der Eselsbrücke als Hindernis heute etwas schief ist, wurde es umgedeutet. Ein Esel, so sagt man, durchschreitet keinen Fluss, und deshalb baut man ihm eine Brücke, damit er übers Wasser kommt. Die Brücke muss nur geeignet sein und darf keine Löcher haben.

Einhellig ist man heute der Meinung, dass nur ein „Esel" keine Eselsbrücken benutzt, und damit schließt sich der Kreis zu den alten Römern.

Der Groschen ist gefallen

Der Groschen – eine andere Bezeichnung für das Zehnpfennigstück – fällt bei manchen Menschen früher, bei anderen später und bei manchen gar pfennigweise.

Der gefallene Groschen steht sinnbildlich dafür, das man etwas verstanden hat. „Na, ist der Groschen bei dir endlich gefallen? Hast du die Aufgabe jetzt verstanden?"

Die Redewendung gründet sich darauf, dass man bei Warenautomaten erst dann an die Ware kommt, wenn das fallende Geld einen bestimmten Mechanismus im Innern ausgelöst hat.

Ein relativ böses Bild übrigens, denn mit dem Vergleich wird zumindest indirekt unterstellt, das Denken sei bei manchen Menschen ein mechanischer Prozess.

Auf dem Holzweg sein

Wer auf dem Holzweg ist, der irrt sich, weil er einen Denkfehler begangen hat. Auf den Holzweg begibt man sich, wenn man einer falschen Spur oder Fährte folgt.

Der Begriff Holzweg stammt aus der Forstwirtschaft und bezeichnet die Schleifspuren, die ein gefällter Baum hinterlässt, wenn man ihn aus dem Wald zieht. Folgt man diesem Weg, findet man an seinem Ende nichts, was der Mühe wert wäre.

Die Redewendung wird mitunter gern von Mathematiklehrern „der alten Schule" verwendet, die bemerken, dass ein Schüler bei einer Klassenarbeit einen falschen Lösungsansatz verfolgt. „Ich glaube, da bist du auf dem Holzweg!" Dieser Spruch ist meist ebenso gut gemeint wie nutzlos.

Jemanden aufs Korn nehmen

Wenn jemand aufs Korn genommen wird, dann steht er unter scharfer Beobachtung. Derjenige, der ihn aufs Korn nimmt, hat es auf ihn abgesehen.

Das Korn ist neben der Kimme ein Teil der Zielvorrichtung von Gewehren. Der wörtliche Sinn der Redewendung ist also, dass man auf jemanden zielt, wie beispielsweise der Jäger auf seine Beute.

Jemandem die Leviten lesen

Jemandem die Leviten lesen heißt, ihn aufgrund seines tadelnswerten Verhaltens zurechtzuweisen. „Du bist schon ein rechter Lausbub. Es wird Zeit, dass dir mal jemand die Leviten liest."

Die Leviten sind einer der zwölf Stämme Israels, die von den Söhnen Jakobs abstammen. Bis heute sind sie eine eigene Gruppe im religiösen Judentum, für die besondere Gesetze und Vorschriften gelten. Sie waren unter anderem dafür zuständig, dass die Regeln im dritten Buch Moses eingehalten wurden. Dieses Buch, insbesondere das 26. Kapitel, wurde im Mittelalter häufig als Grundlage für Strafpredigten eingesetzt. Bereits ab dem 8. Jahrhundert waren bestimmte Bußübungen ein fester Bestandteil des Ordenslebens der Benediktiner. Dabei wurden Texte aus der Bibel vorgelesen, oft aus dem dritten Buch Moses, auch „Levitikus" genannt.

Sich auf seinen Lorbeeren ausruhen

Wenn man sich auf seinen Lorbeeren ausruht, legt man sich nach errungenen Erfolgen auf die faule Haut oder anders ausgedrückt: Man möchte scheinbar unnötige Anstrengungen tunlichst vermeiden. Schließlich fühlt man sich bereits unschlagbar – zumindest bis zum nächsten „Wettkampf". „Du solltest dich nicht auf deinen Lorbeeren ausruhen, sonst gibt es in der nächsten Klassenarbeit ein böses Erwachen."

Die Blätter des Lorbeerbaumes waren bereits in der Antike ein Zeichen des Ruhmes. Wer etwas Besonderes geleistet hatte, dem wurde als Zeichen der

Anerkennung ein Kranz aus Lorbeerzweigen verliehen, etwa den Siegern sportlicher Wettkämpfe oder den römischen Feldherren bei ihren Triumphzügen.

Hinter die Ohren schreiben

Wenn man jemanden dazu auffordert, sich etwas hinter die Ohren zu schreiben, möchte man, dass der Betreffende sich etwas merkt und am besten nie wieder vergisst. Meist sind es Kinder, die auf diese Weise angesprochen werden.

Die Redewendung geht auf einen alten Rechtsbrauch zurück. Bei Grundsteinlegungen wurden speziell Knaben mitgenommen, um später das wichtige Ereignis bezeugen zu können. Damit sie es auch ganz sicher nicht vergaßen, bekamen sie die Ohren langgezogen oder eine Ohrfeige. Diese Zeiten sind mittlerweile zum Glück vorbei, der Spruch „Schreib' dir das hinter die Ohren" erfreut sich aber nach wie vor großer Beliebtheit, wenn Eltern ihren Kindern eine „Lektion fürs Leben" erteilen wollen.

Etwas auf der Pfanne haben

Jemand, der etwas auf der Pfanne hat, der hat wirklich besondere Fähigkeiten, zumindest in einem speziellen Bereich. Er täuscht sein Wissen nicht nur vor. „In Mathe kann man ihm nichts vormachen. Da hat er was auf der Pfanne."

Zwar kann man auch beim Kochen etwas auf der Pfanne haben, aber die Redewendung hat keinen kulinarischen Hintergrund. Mit der Pfanne war die Gewehrpfanne gemeint, eine kleine Mulde, in die man das Zündpulver füllte. Wer etwas auf der Pfanne hatte, der war also zum Schuss bereit, hatte wirklich etwas zu bieten und tat nicht nur so. Übrigens sollte man die Redewendung nicht mit der scherzhaften Formulierung „einen auf der Pfanne haben" verwechseln. Wer einen auf der Pfanne hat, der hat Blähungen – in gewissem Sinne auch eine geladene Waffe.

Der springende Punkt

Der springende Punkt ist das, worauf es ankommt, das Wichtigste, das Entscheidende: „Die Lateinschulaufgabe war nicht zu schwer. Der springende Punkt ist, dass du deine Vokabeln nicht gelernt hast."
Zu verdanken haben wir den springenden Punkt dem griechischen Philosophen Aristoteles und dessen Beobachtung eines bebrüteten Vogeleis, in dem er durch die hauchdünne Schale das Herz des heranwachsenden Tieres als Punkt beziehungsweise dunklen Fleck wahrzunehmen glaubte. Der springende Punkt war nach dieser Vorstellung der Punkt, an dem das Leben seinen Ursprung hatte. Später wurde die Bedeutung dann verallgemeinert.

Sich am Riemen reißen

Wenn sich jemand zusammennehmen oder mehr anstrengen soll, wird er oft aufgefordert, sich am Riemen zu reißen. „Was sollen denn die anderen von dir halten? Jetzt reiß dich mal am Riemen!"
Mit Riemen ist der Gürtel gemeint, genauer gesagt, der Gürtel eines Soldaten, denn der Spruch entstammt dem Militärjargon. Ein Soldat, der sich am

Riemen reißt, bringt damit seine Kleidung in Ordnung, sodass alles tadellos und vorschriftsmäßig sitzt. Nach außen hin demonstriert man damit, dass man jederzeit – mag die Situation auch noch so aussichtslos sein – Herr der Lage ist.

Aus dem Stegreif

Eine besondere Herausforderung sind Übungen aus dem Stegreif, was soviel bedeutet wie ohne Vorbereitung, quasi aus dem Ärmel heraus oder in des Wortes ursprünglicher Bedeutung: ohne abzusteigen.
Der Stegreif war eine besondere Form eines Steigbügels, und wenn jemand etwas aus dem Stegreif erledigte, dann tat er das, ohne vom Pferd zu steigen oder auch unmittelbar danach. Aus dem Stegreif übermittelten beispielsweise Kuriere dringende Botschaften.
Falsch ist die Annahme, die Wendung „aus dem Stegreif" sei eine Zusammensetzung der Wörter „stehen" und „begreifen", auch wenn bei den in Schulen mancherorts so beliebten Stegreifaufgaben gelegentlich der Eindruck entsteht, manche Schüler säßen auf der Leitung und es könne nicht schaden aufzustehen, um die Fragen des Lehrers zu begreifen.

Sich verfranzen

Wer sich verfranzt, der kommt vom richtigen Weg ab, wie beispielsweise manche Schüler während einer Physikschulaufgabe. Der anschließende Kommentar des Lehrers: „Bei dieser Aufgabe hast du dich aber ganz schön verfranzt." Dies hilft dem

Schüler allerdings meistens nur sehr bedingt weiter. Seinen Ursprung hat das Verfranzen, wie übrigens auch das „Franzen" in der Fachsprache der Fliegerei. Unter franzen versteht man die grobe Navigation mit Flugkarte, Daumen, Uhr und Kompass, kurz gesagt: über den Daumen gepeilt oder Pi mal Daumen. Franzen deshalb, weil es sich im ersten Weltkrieg in der Fliegerei eingebürgert hat, den zweiten Mann in einem zweisitzigen Flugzeug Franz zu nennen. Ursprünglich diente er nur als Beobachter, später übernahm er die Aufgabe des Navigators. Wer sich also aufgrund zu ungenauer Navigation verflog, der hatte sich scherzhaft ausgedrückt verfranzt.

Jemandem auf den Zahn fühlen

Wenn man jemandem auf den Zahn fühlt, möchte man ihn ausforschen oder überprüfen. Nicht selten trifft man dabei einen wunden Punkt beziehungsweise genau den Nerv, wie Zahnärzte es manchmal tun. Genau darauf geht diese Redewendung auch zurück. Zahnärzte versuchten früher – und gelegentlich tun sie das auch noch heute – durch Klopfen auf die Zähne an der Reaktion der Patienten abzulesen, welcher Zahn nicht in Ordnung war.
Die Prozedur konnte mitunter sehr schmerzhaft sein, ähnlich wie für den Schüler, dem sein Lehrer auf den Zahn fühlt.

Zapfenstreich

Der Zapfenstreich war in Militärkreisen ursprünglich das Signal, abends mit dem Trinken aufzuhören.

Mit einem Schlag wurden die Zapfen auf die Bier-
fässer aufgesetzt und somit der Ausschank beendet.
Überliefert ist auch noch die Wendung „den Zapfen
schlagen." Als Signal für die abendliche Bettruhe
– in aller Regel ein musikalisches Signal – blieb der
Begriff erhalten, hatte aber seine konkrete Bedeutung verloren.
Heute hat der Zapfenstreich noch eine weitere
Bedeutung, nämlich die musikalische Darbietung
einer Militärkapelle. Öffentlich bekannt ist vor allem
der „Große Zapfenstreich", eine Militärzeremonie
zu Ehren hochstehender Persönlichkeiten. Es ist das
höchste militärische Zeremoniell der Bundeswehr
und wird hauptsächlich zur Verabschiedung von Bun-
despräsidenten, Bundeskanzlern und Verteidigungs-
ministern abgehalten.
Nach wie vor erhalten ist aber die ursprüngliche
Verwendung von Zapfenstreich als „Zeit für die
Bettruhe".

Dumm gelaufen

 Noch immer hört man gelegentlich, dass die Sprache ein sehr ungeeignetes Medium sei, um sich adäquat auszudrücken. Viel unmittelbarer wirke die Musik oder auch die Kunst, die die Welt in Bildern darzustellen vermag.

Dem kann man entgegenhalten, dass die Sprache durchaus ihre ganz eigenen Bilder schaffen kann, indem sie Worte in einer bestimmten Form verbindet. Manche dieser Bilder sind so einprägsam, dass sie in den täglichen Sprachgebrauch übergehen – als feststehende Redewendungen.

Aber wie wirken diese sprachlichen Bilder eigentlich? Mit jedem Begriff verbindet man eine bestimmte Vorstellung, und zwar von dem Augenblick an, in dem man den Begriff zum ersten Mal hört beziehungsweise dessen Bedeutung kennen lernt.

Bringt man diese Begriffe nun in einen anderen Zusammenhang, dann schwingt die ursprüngliche Vorstellung immer noch mit, und genau so ist es auch bei den Redewendungen. Im Gehirn wird nicht nur die Bedeutung der Redewendung gespeichert. Gleichzeitig hat man nach wie vor die Vorstellung von den einzelnen Begriffen und es entsteht der Eindruck eines wirklichen Bildes.

Die Möglichkeiten, sprachliche Bilder zu schaffen sind unbegrenzt, und besonders wichtig sind sie dann, wenn man seine Gefühle zum Ausdruck bringen möchte – beispielsweise, wenn etwas mal nicht so gut läuft.

Abgebrannt sein

Hatte jemand sein Haus durch einen Brand verloren, dann bezeichnete man ihn in früheren Zeiten

als abgebrannt. Im Laufe der Zeit wurde die enge
Bedeutung erweitert zu mittellos, verarmt.
Leicht nachvollziehbar, wenn man bedenkt, dass
jemand, den das Schicksal so hart getroffen hatte,
anschließend nicht selten mit leeren Händen dastand.

Etwas ausbaden müssen

Etwas ausbaden müssen heißt, für etwas gerade stehen beziehungsweise büßen, was (meist) ein anderer
angestellt hat. „Mein kleiner Bruder hat wieder mal
eine Scheibe eingeworfen, und wer muss es ausbaden? Ich!"
Die Redewendung ist in der übertragenen Bedeutung schon seit dem 16. Jahrhundert belegt, und geht
wohl darauf zurück, dass es früher üblich war, dass
der Letzte, der das Bad – die Wanne oder den Zuber
– benutzte, anschließend das Wasser ausgießen und
das Behältnis reinigen musste.

Nur Bahnhof verstehen

Bahnhof versteht man immer dann, wenn man
eigentlich gar nichts versteht beziehungsweise einem
Gespräch nicht folgen kann oder möchte.
Die Ersten, die laut Überlieferung „nur noch
Bahnhof verstanden", waren kriegsmüde Soldaten
im Ersten Weltkrieg. Bahnhof war gleichzusetzen
mit Heimkehr, also ein Ort der Sehnsucht. Wenn
jemand „nur Bahnhof verstand", dann hatte er nichts
anderes mehr im Sinn als nach Hause zu kommen,
und folglich hatte er keine Ohren mehr für andere
Dinge.

Blechen müssen

Im Gegensatz zu heute wurde Blech in früheren Zeiten hauptsächlich aus den wertvollen Materialien Gold und Silber gefertigt. Daher auch die alte Bezeichnung Blech für Geld oder Schmuck.
In der Gaunersprache wurde „Blech" dann scherzhaft für „kleine Münze" beziehungsweise „Geld" verwendet. Das Wort „blechen", zunächst eine scherzhafte Form für bezahlen, war wahrscheinlich erstmals unter Studenten gebräuchlich.
Wenn man für etwas blechen muss, dann hat dies meist einen unangenehmen Beigeschmack – man blecht einfach nicht gern. „Mit 110 in die Radarkontrolle – jetzt muss er blechen!"

Den Faden verlieren

Wer den Faden verliert, der weiß beim Sprechen nicht mehr weiter, kommt aus dem Konzept oder gerät ins Stocken, weil man den gedanklichen Zusammenhang verloren hat. „Letztens habe ich mitten in meinem Vortrag den Faden verloren. Das war vielleicht peinlich!"
Der „verlorene Faden" wird gelegentlich in Verbindung gebracht mit dem so genannten „Ariadnefaden" aus der griechischen Mythologie, jenem Faden, den Prinzessin Ariadne Theseus überreichte, bevor er sich ins Labyrinth von Knossos (auf Kreta) begab, um den Minotaurus zu töten.
Wahrscheinlich steckt aber eher ein anderer Faden hinter dieser Redewendung, nämlich der Spinnfaden. Lässt man ihn aus der Hand rutschen, geht es nicht mehr weiter.

Seine Felle davonschwimmen sehen

Wer seine Felle davonschwimmen sieht, der sieht seine Chancen schwinden. „Als Herr Meier sah, dass sich der potentielle Käufer seines alten Wagens intensiv mit seiner Frau unterhielt, sah er seine Felle bereits davonschwimmen. Dieser Kauf würde wohl nicht mehr zustande kommen."

Die Wendung stammt wahrscheinlich aus der Sprache der Gerber, die ihre Felle an Bach- oder Flussläufen bearbeiteten. Dabei konnte es vorkommen, dass das kostbare Gut – und damit der Profit – fortgespült wurde.

Eine andere Deutung siedelt die Redewendung in der Jägersprache an. Besonders wertvoll waren die Otterfelle. Da Otter aber von Natur aus sehr vorsichtig sind, witterten sie oft die drohende Gefahr und tauchten in den Fluten unter. Die Jäger konnten nur hinterherschauen und sahen ihre Felle im wahrsten Sinne des Wortes davonschwimmen.

Ins Fettnäpfchen treten

Möglichkeiten, ins berühmte Fettnäpfchen zu treten, gibt es viele, und manch einer lässt keine davon ungenutzt. Die klassische Situation: Man trifft einen Unbekannten, kommt sofort mit ihm ins Gespräch und schon nach kurzer Zeit so richtig in Fahrt. Weil man gerade eine unangenehme Begegnung mit seinem Anwalt hatte, beginnt man, nach allen Regeln der Kunst vom Leder zu ziehen: „Also die Anwälte sind doch allesamt Halsabschneider. Keine Ahnung von nichts, und dafür verlangen sie einen Haufen Kohle. Am besten sollte man sie alle auf den Mond

schießen! Was machen Sie eigentlich beruflich?"
Wenn sich der andere dann als Dr. Meier vorstellt,
von Beruf Rechtsanwalt, ist es schon geschehen.
Man ist mitten hineingetreten in ein sehr peinliches
Fettnäpfchen.
Die Redensart geht wahrscheinlich auf das wirkliche Fettnäpfchen zurück, ein Behältnis, in dem das
Schuhfett aufbewahrt wurde. Da das Fettnäpfchen
oft neben der Eingangstür stand, konnte es vorkommen, das ein unachtsamer Besucher mitten hin-
eintrat. Das war nicht nur peinlich für ihn, sondern
auch überaus ärgerlich für den Besitzer beziehungsweise die Dame des Hauses.

Kalte Füße bekommen

Die sprichwörtlich kalten Füße sind ein sicheres
Zeichen dafür, dass sich jemand eines Besseren
besonnen hat, weil er erkannt hat, dass sein Vor-
haben doch nicht so vorteilhaft für ihn ist wie
ursprünglich angenommen. Mit anderen Worten:
Wer kalte Füße bekommt, macht einen Rückzie-
her, weil er plötzlich Angst bekommen hat. In der
Regel bekommt man die kalten Füße, wenn es um
zwischenmenschliche Beziehungen geht. „Jens war
schon so gut wie verheiratet mit Susanne, der
Hochzeitstermin stand schon längst fest. Aber im
letzten Augenblick hat er doch noch kalte Füße
bekommen. Jetzt lebt er wieder allein."
Die Wendung soll darauf zurückgehen, dass es früher eine gebräuchliche Entschuldigung war, sich mit
dem Vorwand, man habe kalte Füße, vom Spieltisch
zurückzuziehen – aus Angst, man könne sein Geld
verlieren.

Gelackmeiert

Der Gelackmeierte ist man dann, wenn man hereingelegt wurde. Man hat auf jeden Fall das Nachsehen.
Der Begriff ist möglicherweise eine scherzhafte
Zusammenfügung von gelackt – in der Bedeutung
betrogen, hereingelegt – und meiern, was ebenfalls
betrügen bedeutet. Doppelt gemoppelt also.

Ins Gras beißen

Wer ins Gras gebissen hat, der ist gestorben.
Die Wendung ist schon seit der Antike bekannt und
geht auf die Beobachtung zurück, dass schwerstver-
wundete Soldaten häufig in den Boden (ins Gras)
bissen, um sich ihre Schmerzen im wahrsten Sinne
des Wortes zu verbeißen. Hinter dem Bild steckt
also die Vorstellung des Sterbens als verbissener
Kampf – nicht gerade eine romantische Vorstellung
des Todes, genauer gesagt des Todes eines Soldaten.

Der Haussegen hängt schief

Wenn der Haussegen schief hängt, dann ist die Stimmung zwischen den Eheleuten gereizt, beispielsweise
nach einem heftigen Streit.
Der Haussegen ist eine kleine Tafel mit einem
Segensspruch, der früher gern über der Eingangstür
oder im Wohnzimmer aufgehängt wurde. Wenn er
schief hängt, ist dies übertragen zu verstehen: Man
sieht, dass nicht alles in Ordnung ist.
Eine allzu wörtliche Auslegung könnte zu dem
Schluss kommen, es sei so heftig gestritten worden,

dass das Täfelchen – auf welche Weise auch immer
– etwas abbekommen habe.

Einen Korb bekommen

Wer einen Korb bekommt, der wird ganz allgemein
abgewiesen. Die Bedeutung hat sich im Laufe der
Zeit erweitert. Früher bedeutete der sprichwörtliche Korb ausschließlich eine ablehnende Antwort
auf einen Heiratsantrag.
Tatsächlich war es früher in manchen Gegenden
üblich, dass sich Freier, die um die Gunst einer
Braut warben, von der Beworbenen in einem Korb
zum Fenster hinaufziehen ließen. Hatte diese kein
Interesse, sorgte sie dafür, dass der Boden des Korbes durchbrechen musste – der Bewerber landete
unsanft auf dem Boden der Tatsachen.
In späteren Zeiten wurde dem abgewiesenen Freier
als eindeutiges Verstehenszeichen ein Korb ohne
Boden überreicht – dadurch ersparte sich manch
einer große Schmerzen.
Heutzutage erteilen nicht mehr nur Frauen Körbe,
sondern jeder, dem danach zumute ist, beispielsweise der Fußballprofi einem Verein, der zu wenig
(Geld) zu bieten hat. Es wäre eine Überlegung wert,
beim Erteilen eines Korbes auf den alten Brauch
mit dem Korb ohne Boden zurückzugreifen, um alle
Missverständnisse auszuräumen.

Einen Knall haben

Wer einen Knall hat, der ist in den Augen seiner
Mitmenschen leicht verrückt.

Mit dem Knall ist ein kurzer heftiger Schlag gegen den Kopf beziehungsweise das dabei entstehende Geräusch gemeint. Der Schlag – sollte er zu heftig ausfallen – kann übrigens nicht nur in der Vorstellung, sondern tatsächlich einen Gehirnschaden verursachen.

Alternativ zum Knall spricht man auch noch vom Schuss oder vom Schlag beziehungsweise Hau. Wer einen Hau hat, der hat dann wohl einen ordentlichen Schlag bekommen.

Bei jemandem in der Kreide stehen

Steht man bei einem anderen in der Kreide, dann hat man bei demjenigen eine offene Schuld, eine unbeglichene Rechnung

Ursprünglich bezieht sich die Redewendung ausschließlich auf geschuldetes Geld. In früheren Zeiten vermerkten Gastwirte die Schulden ihrer Gäste mit Kreide auf einer Tafel. So lange die Schulden nicht bezahlt waren, stand man in der Kreide. Dort steht man bei Wirten, bei denen man anschreiben kann, noch heute. Allerdings wurden Tafel und Kreide im Zuge des Fortschritts von Notizblock und Kugelschreiber verdrängt.

Die Redewendung „jemandem etwas ankreiden" (jemandem die Schuld für etwas geben) hat übrigens denselben Ursprung.

„In der Kreide stehen" wird mittlerweile auch allgemeiner verwendet, durch einen Gefallen steht man bei jemandem in der Schuld: „Dass du in dieser Situation für mich da warst, werde ich dir nicht so schnell vergessen. Ich stehe tief bei dir in der Kreide. Du hast etwas gut bei mir."

Durch die Lappen gehen

Wer sich etwas durch die Lappen gehen lässt, der hat eine Chance verspielt, und zwar eine, die bereits in greifbarer Nähe war. „Dieses Geschäft darf ich mir nicht durch die Lappen gehen lassen!"
Mit dieser beinahe schon beschwörenden Formel, die man sich selbst vorsagt – zumindest in Gedanken – mahnt man sich selbst noch einmal zu einer bedachten Herangehensweise.
Ihren Ursprung haben die hier gemeinten Lappen in der Jägersprache. Bei der Treibjagd hängte man bunte Stofflappen an Schnüren auf, um der Beute eine bestimmte Fluchtrichtung zu versperren. Tiere, die sich von diesen Stofffetzen nicht abschrecken ließen und genau in diese Richtung entkamen, waren dem Jäger im wahrsten Sinne des Wortes durch die Lappen gegangen.

Den Löffel abgeben

Den Löffel gibt man immer ganz zum Schluss ab, und zwar dann, wenn man stirbt.
Da der Tod im Allgemeinen nicht sehr willkommen ist, hat man im Laufe der Zeit sehr viele Umschreibungen fürs Sterben gefunden. Der Hintergrund war möglicherweise, dass man es vermeiden wollte, den Namen des Todes auszusprechen, um ihn nicht gerade dadurch herbeizurufen.
Ein Löffel – so eine Geschichte, die die Redewendung erklären soll – war früher sehr wertvoll, und deshalb vererbte einer, der im Sterben lag, seinen Löffel an die Nachfahren. Die Übergabe des Löffels war also eine Art letzter Rechtsakt des Sterbenden,

um noch schnell seine Erbangelegenheiten zu regeln. Wahrscheinlicher ist aber, dass der Löffel im Zusammenhang mit dem Essen gesehen werden muss. Jemand, der den Löffel abgegeben hat, kann nichts mehr essen.

Sich auf den Schlips getreten fühlen

Wer sich auf den Schlips getreten fühlt, der ist beleidigt, gekränkt oder mindestens peinlich berührt. „Durch die Bemerkung, in seinem Alter sei es nicht mehr sinnvoll, den Weg eines Profisportlers einschlagen zu wollen, fühlte er sich sichtbar auf den Schlips getreten."
Der Schlips ist in diesem Fall allerdings nicht die Krawatte, die man um den Hals trägt. Schlips – oder vielmehr „Slip" – ist ein norddeutscher Mundartbegriff für einen Rockzipfel, wie er früher an langen Röcken und Jacken zu finden war.

Das kommt mir spanisch vor

Spanisch kommt einem etwas vor, das merkwürdig oder gar verdächtig ist. „Keine Lautsprecherdurchsage, obwohl der Zug mittlerweile eine halbe Stunde Verspätung hat. Das kommt mir spanisch vor! Vielleicht fährt er ja sonntags gar nicht."
Die Redewendung geht vermutlich auf die Zeit zurück, in der König Karl V. von Spanien die deutsche Kaiserkrone trug. Als die Deutschen die spanischen Sitten und Gebräuche kennen lernten, kamen

ihnen diese zunächst etwas seltsam vor, spanisch eben.
Diese Wendung ist übrigens weithin gebräuchlich, wenn auch in etwas anderer Form. Einem Spanier beispielsweise kommen merkwürdige Dinge chinesisch vor.

Im Stich gelassen werden

Wer einen anderen im Stich lässt, der lässt ihn in einer Notlage allein, lässt ihn zurück, verlässt ihn, hilft ihm nicht.
Vermutlich stammt diese Redewendung aus dem Mittelalter, genauer gesagt aus dem ritterlichen Turnierwesen. Wurde ein Ritter von seinen Kampfgefährten allein gelassen, so ließen ihn diese im Stich. Er war den Lanzenstichen seiner Gegner wehrlos ausgesetzt.

Tomaten auf den Augen haben

Die Tomaten auf den Augen hindern einen daran, etwas zu sehen, das offensichtlich ist. „Schiri, das war ja wohl eindeutig Hand! Haben Sie Tomaten auf den Augen?"
Mit den Tomaten auf den Augen waren ursprünglich die geröteten Bindehäute gemeint, verursacht durch Schlafmangel. Tomaten auf den Augen zu haben bedeutete also ursprünglich, übermüdet zu sein. Heute sind sie eher ein Zeichen von – wenn auch nur vorübergehender – Blindheit. Jeden Fußballschiedsrichter dürfte diese Erklärung ganz bestimmt entzücken.

Tüten kleben

Der „ehrenwerten" Beschäftigung Papiertüten zu
kleben gingen früher vor allem Gefängnisinsassen
nach, die sich während ihrer Haft mit einfachen
Tätigkeiten Geld verdienen mussten. Wenn also
einer „Tüten klebt", dann sitzt er im Gefängnis.

Jemandem nicht das Wasser reichen können

Ist man nicht dazu in der Lage, jemandem das Wasser zu reichen, dann ist man in der Einschätzung der
anderen noch einen großen Schritt von den Leis-
tungen des anderen entfernt. „Er war zwar alles in
allem ein guter Schüler und lässt durchaus positive
Ansätze erkennen, aber seinem großen Bruder kann
er noch lange nicht das Wasser reichen. Das konnte man an seinem Abschlusszeugnis allzu deutlich
erkennen."
Diese Redewendung lässt sich bis ins Mittelalter
zurückverfolgen. Nach dem Essen war es üblich, am
Tisch eine Schale mit Wasser herumzureichen, in
der man sich die Hände waschen konnte. Wer nicht
einmal diese niedere Tätigkeit verrichten konnte, der
konnte den anderen im wahrsten Sinne des Wortes
nicht das Wasser reichen. Dementsprechend gering
war seine Stellung – niedriger als niedrig.

Vergnüglich

Ob etwas Spaß macht oder nicht ist immer subjektiv, eine Frage der Einstellung. Meist hat derjenige seine Freude, der den aktiven Part übernimmt. Die anderen Beteiligten haben oft nicht viel zu lachen. Es ist eben alles auch eine Frage der Perspektive. Eines ändert sich jedoch nicht: die Sprache. Begriffe – und in noch größerem Maße die Redewendungen – sind immer abhängig vom Kontext, in dem sie stehen. Der Inhalt bleibt zwar der gleiche, aber die Wirkung kann sehr unterschiedlich sein. Wenn jemand beispielsweise die Sau rauslässt, dann kann das für den Betreffenden eine sehr positive Erfahrung sein, fast schon ein Akt der Befreiung, und so könnte er dann seinen Freunden erzählen: „Letzten Freitag habe ich richtig die Sau rausgelassen. Es war einfach herrlich!"

Dasselbe aus einer anderen Perspektive könnte schon ganz anders klingen, beispielsweise aus der Sicht eines Kneipenbesitzers, der zum Opfer einer ausgelassenen Feier geworden ist: „Gestern hat bei mir einer Geburtstag gefeiert. Die haben alle die Sau rausgelassen. Mein Laden war danach nicht wiederzuerkennen." Und natürlich gibt es auch noch die Perspektive des Unbeteiligten, der ganz neutral über einen Vorgang berichtet.

Was aber immer vergnüglich ist, ganz unabhängig von Stimmungen oder Perspektiven, ist das Wissen um die sprachliche Vielfalt, um die unbegrenzten Möglichkeiten, seine Freude in Worte zu kleiden.

Jemanden abblitzen lassen

Von abblitzen sprach man früher im Zusammenhang mit dem Gebrauch von Schusswaffen. Eine Waffe, bei der das Pulver abbrannte, blitzte ab. Eine andere Bedeutung des Wortes stammt aus der Meteorologie und bezeichnet ein nachlassendes Gewitter. Die Blitze werden weniger – es blitzt ab.

Heutzutage wird der Begriff nur noch in seiner übertragenen Bedeutung verwendet. Wenn man jemanden abblitzen lässt, dann weist man ihn mit einem Anliegen schroff zurück, man erteilt ihm eine Abfuhr, gibt ihm einen Korb, zeigt ihm die kalte Schulter, und zwar ohne große Erklärungen. „Endlich hatte er den Mut gefasst, ihr seine Gefühle zu offenbaren, aber sie ließ ihn eiskalt abblitzen."

Auch wenn sich das Bild der Waffe, die nur kurz aufflammt, ohne dann loszugehen, hervorragend als Erklärung dafür eignet, was derjenige empfindet, der gerade abgeblitzt ist – er ist entflammt, aber doch nicht zu seinem Ziel gelangt –, kann man ausschließen, dass die übertragene Bedeutung, wie sie heute verwendet wird, vom Abblitzen einer Waffe abgeleitet wurde, ganz einfach, weil das „abblitzen lassen" schon bekannt war, bevor es Schusswaffen gab. Kurzum: Wie es zu dem Bild kam, lässt sich nicht mit letzter Sicherheit sagen.

Auf Abbruch heiraten

„Ihr Mann ist auch nicht mehr der jüngste. Den hat sie wohl auf Abbruch geheiratet." Wer auf Abbruch heiratet, der spekuliert mit dem baldigen Tod seines Ehepartners, um ihn zu beerben.

Die Wendung wird meist scherzhaft gebraucht und stammt ursprünglich aus dem Bauwesen. Häuser werden auf Abbruch verkauft, wenn es sich nicht mehr lohnt, sie zu sanieren.

Jemanden abspeisen

„So kommen Sie nicht davon. Mit so einer billigen Antwort lassen wir uns nicht abspeisen." Wenn einer einen anderen abspeist, dann möchte er ihn ohne großen Aufwand möglichst schnell loswerden. Die Redewendung geht möglicherweise auf eine alte Sitte zurück. Ein Freier, der um die Hand seiner Herzensdame anhielt, wurde üblicherweise ins Haus der potentiellen Braut zum Essen geladen. An den „Köstlichkeiten", die serviert wurden, konnte er auf den ersten Blick erkennen, woran er war. Kam nur das Billigste auf den Tisch, war das ein sicheres Zeichen der Ablehnung. Seine Angebetete hatte ihn abgespeist.

After-Work-Clubbing

Das After-Work-Clubbing ist eine moderne Form der Feierabendgestaltung. Nach Dienstschluss trifft man sich in einem Club, um bei lauter Musik den Arbeitsstress abzubauen. Alternativ dazu gibt es noch immer das althergebrachte Feierabendbier. Das Wort Club beziehungsweise Klub wurde bereits sehr früh aus dem Englischen entlehnt. Wie aus der ursprünglichen Bedeutung „Keule" die Bezeichnung für eine geschlossene Herrengesellschaft – beziehungsweise den Ort, an dem man sich trifft – wurde, ist nicht eindeutig belegt. Es wird aber vermutet, dass es Tradition war, für jeden Anwesenden bei einem Treffen eine Markierung in eine Keule zu ritzen. Auszuschließen ist, dass man mit Keulen aufeinander losging, auch wenn die Debatten in den Clubs mitunter recht hitzig verliefen. In England gibt es

noch immer Clubs, zu denen ausschließlich Männer
Zutritt haben.

Sich einen Ast lachen

Die Redewendung bedeutet nicht etwa, dass einem
vor lauter Lachen die Luft wegbleibt und man einen
Asthmaanfall erleidet. Vielmehr ist der Ast ein
umgangssprachlicher Ausdruck für einen Buckel. Wer
sich einen Ast lacht, der krümmt sich vor Lachen.

Sich aufdonnern

Unverzichtbar scheint es, sich vor dem Ausgehen
noch etwas zurecht zu machen, damit man sich in
der Öffentlichkeit blicken lassen kann. Man – oder
besser gesagt frau – kann es aber auch übertreiben,
und die staunenden Beobachter fühlen sich schon
manchmal wie vom Blitz getroffen, wenn jemand vor
ihnen steht, der so richtig aufgedonnert ist.
Mit einem echten Gewitter hat das Wort vermutlich
nichts zu tun, sondern eher mit dem künstlichen
Donner am Theater, der für Aufsehen beim Publikum
sorgte. Nicht ganz auszuschließen ist auch eine scherzhafte Herleitung vom italienischen „donna", was nichts
anderes heißt als Frau. Frauen, die sich aufdonnern, tun
nichts anderes als ihre Weiblichkeit zu betonen.

Sich auftakeln

Eine Frau, die sich auftakelt – für Männer ist diese
Wendung nicht gebräuchlich –, kleidet und schminkt

sich in den Augen der anderen zu schrill für ihr Alter.
Der Grund: Sie möchte über ihr wahres Alter hin-
wegtäuschen.

Die Wendung kommt aus der Seefahrt. Auftakeln
bedeutet, ein Schiff mit der Takelage zu versehen. Als
Takelage bezeichnet man die Ausrüstungsgegenstän-
de, die zu einem Segelschiff gehören, etwa Masten,
Segel, Taue usw. Um das sprachliche Bild noch zu
vollenden, spricht man oft davon, eine Frau sei auf-
getakelt wie eine alte Fregatte.

Flitterwochen

Das Wort „flittern" ist heute nicht mehr gebräuchlich, sehr wohl aber die „Flitterwochen", die Wochen
unmittelbar nach der Hochzeit. Für alle, die es sich
leisten können, hat es sich eingebürgert – wohl nach
dem Vorbild amerikanischer Spielfilme – die Flitterwochen nicht daheim zu verbringen, sondern auf
Reisen zu gehen, wodurch die „Flitterwochen" oft
mit der „Hochzeitsreise" gleichgesetzt werden.
Flittern bedeutet mehrerlei, etwa kichern, flüstern,
schmeicheln, kosen – alles Beschäftigungen, denen
frisch Vermählte wohl gerne nachgehen, wenn sie
sich miteinander beschäftigen. Der Bedeutungs-
schwerpunkt bei den „Flitterwochen" liegt aber auf
dem Liebkosen.

Auf großem Fuß leben

Wer auf großem Fuß lebt, der hat meist viel Geld
und gibt dieses auch gerne mit beiden Händen aus.
Diese Umschreibung für einen kostspieligen Lebens-

stil soll auf einen gewissen Grafen von Anjou zurückgehen, der irgendwann im Mittelalter in Frankreich
lebte und ein Vorbild in Sachen Mode und Eleganz
war. Sein Markenzeichen waren ganz besonders große
Schuhe – er verbarg darin seinen Klumpfuß. Da niemand von seinem Geheimnis wusste, hielt man diese
riesigen Schuhe für die letzte Mode, und schon bald
taten alle, die es sich leisten konnten, es ihrem Vorbild
gleich und lebten fortan auf großem Fuß.
Eine gewagte These, die wohl getrost ins Reich
der Fantasie eingeordnet werden kann. Es ist sehr
unwahrscheinlich, dass der große Fuß auch nur das
Geringste mit deformierten Körperteilen zu tun hat.
Vielmehr wurde „Fuß" zu früheren Zeiten auch im
Sinne von Maß, Zustand, Stand verwendet, was in
diesem Fall auch des Rätsels Lösung sein dürfte. Im
Englischen ist Fuß die gängige Maßeinheit.

Eine Gardinenpredigt halten

Von der klassischen Gardinenpredigt spricht man
dann, wenn jemand nach allen Regeln der Kunst
ausgeschimpft oder zurechtgewiesen wird, meist
nicht ganz grundlos. „Als er letzten Dienstag aus
der Kneipe kam, hat ihm seine Frau eine ordentliche
Gardinenpredigt gehalten."
Weder hat die Gardine etwas mit der Gardine
am Fenster zu tun, noch die Predigt etwas mit der
Kirche. Mit der Gardine ist hier der Bettvorhang
gemeint, hinter der die Frau damals ihren Mann
erwartete, als er sich zu Bett begab. Kam er zu spät
oder gab es einen anderen Grund zur Klage, musste
er eine Strafpredigt über sich ergehen lassen, die
Gardinenpredigt.

Geld auf den Kopf hauen

Wer sein Geld auf den Kopf haut, der gibt es zunächst einmal aus, und zwar meistens ohne groß darüber nachzudenken. Mit anderen Worten: Er lässt es sich richtig gut gehen. Je nach Perspektive kann es aber auch bedeuten, sein Geld unnütz zu verschwenden: „Jetzt hau' nicht wieder dein ganzes Geld auf den Kopf! Am Ende kommst du wieder zu mir, um dir was zu borgen."

Die Redewendung bezieht sich darauf, dass es früher üblich war, beim Bezahlen das Geld mit der Zahl nach oben auf den Tisch zu legen, damit man sofort den Wert erkennen konnte. Da die Münzen auch schon die zwei heute üblichen Seiten – Kopf und Zahl – besaßen, haute man sein Geld dabei auf den Kopf.

Das Heft in der Hand haben

Derjenige, der das Heft in der Hand hat, der hat die Dinge unter Kontrolle, ist Herr der Lage: „Bei der Diskussion über die neuen Strukturen in der Marketing-Abteilung hatte der Chef eindeutig das Heft in der Hand. Er wusste, dass keiner seine Argumente widerlegen konnte."

Auch wenn ein Sprichwort sagt, die Feder sei mächtiger als das Schwert, ist das Heft in diesem Fall nicht das Heft aus Papier, in das man seine Eintragungen macht. Vielmehr handelt es sich um den Griff eines Schwertes oder Messers. Wer das Heft, sprich die Waffe, in der Hand hat, kann sich besser durchsetzen. Demnach ist es also besser, das Heft nicht aus der Hand zu geben.

Jemandem den Laufpass geben

Gibt man jemandem den Laufpass, dann beendet
man eine Beziehung mit ihm, man „macht Schluss".
„Ich habe ihm den Laufpass gegeben, weil ich ihn
einfach nicht mehr ertragen konnte." Die Redewendung kann auch ausdrücken, dass man jemandem
die Kündigung ausgesprochen hat: „Herr Huber hat
heute den Laufpass von uns bekommen. Wir haben
ihn aus unserer Firma entlassen." Diese Verwendung
ist heute nicht mehr sehr gebräuchlich, aber sie
führt auf die Herkunft des Begriffes zurück.
Der Laufpass war in früheren Zeiten ein Dokument,
das Soldaten ausgestellt wurde, wenn sie aus der
Armee entlassen wurden. Mit diesem Pass konnten
sie bei Kontrollen – und auch bei Bewerbungen
– nachweisen, dass sie sich rechtmäßig „auf freiem
Fuß" befanden, und nicht etwa desertiert waren.

Jemanden zur Minna machen

Wenn jemand zur Minna gemacht wird, dann wird
er auf harsche Weise zurechtgewiesen, meist mit
dem Ergebnis, dass er sich nach der Zurechtweisung
sehr elend fühlt. „Es war Zeit, dass dem mal jemand
die Meinung sagt. Du glaubst gar nicht, wie ich den
heute zur Minna gemacht habe."
Minna ist die Kurzform des Namens Wilhelmine,
ein sehr beliebter Frauenname im 19. Jahrhundert.
Dienstmädchen wurden deshalb oft Minna gerufen,
auch wenn sie einen anderen Namen hatten: Der
Einfachheit halber sozusagen, weil der Name nun
einmal so gebräuchlich war und der wirkliche tatsächliche Name eines Dienstmädchens für manche

Hausherren und -damen belanglos war. Diese Angewohnheit war so weit verbreitet, dass Minna zum
Synonym für „Dienstmädchen" wurde. Allgemein
wurden Bedienstete sehr oft zurechtgewiesen und
auch sonst nicht sehr respektvoll von den Herr-
schaften behandelt.

Aus dem Nähkästchen plaudern

Wer aus dem Nähkästchen plaudert, der verrät
intime Geheimnisse. Voraussetzung ist, dass der
Plauderer ein Eingeweihter ist. Er kennt sich aus.
„Da hat wieder einer aus dem Nähkästchen geplau-
dert!"
Die Redewendung geht wohl darauf zurück, dass es
früher unter Damen üblich war, sich zum gemeinsa-
men Häkeln und Stricken zu treffen, wobei nicht nur
nützliche Utensilien ausgetauscht wurden, sondern
darüber hinaus die neuesten Geschichten, nicht nur
aus dem eigenen Leben.
Ein weiteres pikantes Detail: Das Nähkästchen war
ausschließlich Frauensache – Männer hatten keinen
Zugang. Deshalb war es auch ein beliebter Platz,
um die „kleinen Geheimnisse" dort aufzubewahren,
wie etwa Theodor Fontanes „Effi Briest" die Briefe
ihres Liebhabers dort versteckte. Als ihr Mann eines
Tages ihr Nähkästchen öffnete, war Effi der Untreue
überführt.
Allerdings wird mit dem Plaudern aus dem Nähkästchen nicht unbedingt eine Indiskretion unterstellt.
„Oma plauderte mal wieder aus dem Nähkästchen.
Sie erzählte uns Geschichten aus der ach so guten
alten Zeit, die sowohl vor als auch nach dem Krieg
herrschte."

Jemanden an der Nase herumführen

Jemanden an der Nase herumführen bedeutet, denjenigen zu verschaukeln oder für längere Zeit ein Spielchen mit ihm zu treiben. „Ich lasse mich von dir nicht länger an der Nase herumführen."
Wahrscheinlich geht die Redewendung darauf zurück, dass Tierbändiger ihre wilden Tiere, beispielsweise Bären, an einem Ring an der Nase herumführten, um sie völlig unter Kontrolle zu haben, da das Ziehen am Nasenring recht schmerzhaft ist.

Bis in die Puppen ausgehen

Warum man ausgerechnet bis in die Puppen weggehen muss, das wissen am besten die Berliner, denn aus der deutschen Hauptstadt stammt diese Redewendung.
Im 18. Jahrhundert wurden auf dem „Großen Stern", einem Platz im Berliner Tiergarten, Statuen aus der antiken Mythologie aufgestellt, die im Volksmund „Puppen" genannt wurden. Da man vom Zentrum aus sehr weit laufen musste, um dorthin zu gelangen, wurden die „Puppen" zum Sinnbild für große Entfernungen.
Die räumliche Entfernung wurde später einfach übertragen auf die zeitliche Dauer, was aber keinen großen Unterschied macht, wenn man die entsprechende Entfernung tatsächlich zu Fuß zurücklegt.
Wer bis in die Puppen ausgeht, der bleibt nach dem allgemeinen Verständnis sehr lange weg. Nach Berlin muss er allerdings nicht unbedingt reisen, denn die Redensart ist heute allgemein gebräuchlich und auch verständlich.

Aus dem Schneider sein

Wer aus dem Schneider ist, der hat eine kritische
Situation überstanden und somit nichts mehr zu
befürchten. „Klaus hat in seiner letzten Mathema-
tikschulaufgabe eine Zwei bekommen. Die Sechs im
Zeugnis hat er somit abgewendet. Er ist aus dem
Schneider."
Die Redewendung ist eine bildhafte Übertragung aus
dem Kartenspiel, wo eine Spielpartei „Schneider" ist,
wenn sie nicht eine bestimmte Punktzahl erreicht
– im Skat beispielsweise benötigt man mehr als 30
Augen, um aus dem Schneider zu sein.
Wie der Schneider allerdings überhaupt ins Kartenspiel kam, ist unsicher. Möglicherweise geht er auf
eine scherzhafte Redensart zurück. „Ein Schneider
wiegt nicht mehr als 30 Lot." Damit wurde darauf
angespielt, dass die Schneider in der Regel nicht sehr
wohlhabend und nicht besonders hoch angesehen
waren.

Seinen Senf dazu geben

Es gibt Menschen, die es sich nicht verkneifen können, zu allem ihren Senf dazuzugeben. Mit anderen
Worten: Sie kommentieren alles, können ihre Meinung nicht zurückhalten, geben überflüssige Rat-
schläge und gehen ihrer Umgebung im Allgemeinen
ziemlich auf die Nerven – was sich in der ein oder
anderen Situation als sehr hilfreich erweisen kann.
Lieber überall seinen Senf dazugeben können als auf
den Mund gefallen sein.
Die Redewendung ist möglicherweise zurückzuführen auf die frühere Gewohnheit mancher Gastwirte,

jedes Gericht mit Senf zu servieren, als dieser gerade in Mode kam. Gut gemeint zwar, denn Senf war
nicht eben billig, aber er passte eben nicht zu allen
Speisen.

Etwas springen lassen

Wer etwas springen lässt, der zeigt sich von seiner
großzügigen Seite, denn er gibt einen aus. „Unser
Chef hat bei der letzten Weihnachtsfeier 500 Euro
springen lassen. Ein durch und durch gelungener
Abend."
Die Redensart bezieht sich auf einen früheren
Brauch. Beim Bezahlen warf man die Münzen kräftig
auf den Tisch, sodass sie in die Luft sprangen. Damit
demonstrierte man die Echtheit des Geldes.

Einen Toast ausbringen/ aussprechen

Der Toast ist zunächst einmal eine geröstete Scheibe
Brot, abgeleitet vom englischen „to toast" (übersetzt: rösten). Wenn man einen Toast ausspricht,
beziehungsweise einen Toast auf jemanden ausbringt,
dann überreicht man keine Scheibe Toastbrot, sondern gibt einen Trinkspruch zum Besten. Üblicherweise wünscht man dabei Gesundheit, Glück oder
Ähnliches.
Diese Trinksprüche haben aber tatsächlich etwas mit
dem gerösteten Brot zu tun. Besonders englische
Lords sollen die Angewohnheit gehabt haben, ihren
Toast in Wein einzutunken, was dazu führte, dass ein

Glas Wein mit eingetunktem gerösteten Brot ebenfalls Toast genannt wurde.
Später wurden dann die Leute, auf die man trank,
ebenfalls zum Toast und zuletzt war der Trinkspruch
an der Reihe. Man nannte ihn – wie auch sonst –
Toast. Dies alles mag wohl zustande gekommen sein,
weil Trinksprüche schon seit jeher sehr beliebt sind,
und zwar quer durch alle Kulturen. Der Toast ist,
wenn man so will, die typisch englische Art – sehr
geistreich!

Todschick sein

Todschick liebt man es in bestimmten Kreisen nicht
nur seit jeher, wenn es darum geht, sich tadellos und
entsprechend der neuesten Mode zu kleiden.
Als todschick galt zu bestimmten Zeiten auch alles
Französische, und so wurde schick aus dem französischen „chiquer" (übersetzt: passen, schmücken)
übernommen. Dieses Wort wiederum wurde von
den Franzosen zu einem früheren Zeitpunkt aus
dem Deutschen „schicken" (senden, abordnen, ord-
nen) „abgekupfert", womit die Ordnung wieder hergestellt wäre. Noch heute bekannt ist der „Schick"
(Angemessenheit, Richtigkeit), den man eben hat
– oder auch nicht.
Der Zusatz „tod" könnte allerdings tatsächlich
ganz und gar aus dem Französischen abgeleitet sein.
Unwahrscheinlich ist, dass manche Zeitgenossen
beim Anblick der neuesten Pariser Mode tot umfie-
len – so etwas wäre immerhin sehr unschicklich.
Einleuchtender ist die Theorie, dass „tod" aus dem
französischen „tout" in der Bedeutung „ganz und
gar", „total" abgeleitet wurde, anders übrigens als

bei einigen Ausdrücken mit der Voranstellung „tod",
wie etwa bei todkrank, todmüde oder todlangweilig,
wo tatsächlich ein gewisser Zusammenhang mit dem
Tod unterstellt wird – ob nun zurecht oder fälschli-
cherweise.

Auf die Tube drücken

Einer, der auf die Tube drückt, beschleunigt, gibt
Gas, macht schneller, kommt in Schwung. „Gestern
Abend hat Karla richtig auf die Tube gedrückt. Da
konnten alle nur staunen."
Ursprünglich, so die plausibelste Erklärung, könnte
Tube für das englische Wort „tube", die Kurzform
von „choke tube" stehen, was übersetzt „Vergaser"
heißt. Wenn also jemand auf die Tube drückt, dann
tritt er aufs Gaspedal.
Im Straßenverkehr wird die Redewendung noch
genau in diesem wörtlichen Sinn verwendet: „Fahr
schneller! Drück auf die Tube!"

Auf Tuchfühlung gehen

Beabsichtigt jemand, auf Tuchfühlung zu gehen, dann
möchte er einem anderen Menschen näher kommen
oder kurz gesagt: Er möchte flirten – und womög-
lich noch etwas mehr. „Ich werde jetzt mal auf Tuchfühlung mit dem netten Herrn/der netten Dame
vom Nebentisch gehen."
Ursprünglich entstammt der Begriff dem Soldaten-
jargon. Beim Appell war es üblich, dass die Soldaten
in Reih' und Glied so nah beieinander standen,
dass sich die Ärmel der Uniformen – das Tuch

– berührten. War dies nicht der Fall, wurden die entsprechenden Soldaten ermahnt, auf Tuchfühlung zu gehen.

In trockenen Tüchern

Wenn eine Sache in trockenen Tüchern ist, dann hat man sie zu einem erfolgreichen Abschluss gebracht beziehungsweise sicher gemacht. Die Wendung benutzt man häufig im Zusammenhang mit Geschäften: „Nach aufreibenden Verhandlungen ist es endlich gelungen, die Firmenübernahme in trockene Tücher zu bringen."

Woher die trockenen Tücher allerdings kommen, ist ungewiss. Zur Auswahl stehen auf der einen Seite die Tücher, die bei der Käseproduktion verwendet werden, um die frische Käsemasse aus der Molke zu heben. Dafür spricht die Bedeutung, in der diese noch nicht so alte Redewendung hauptsächlich gebraucht wird. Dagegen spricht, dass man bei der Käseproduktion keine trockenen Tücher verwendet. Jedenfalls sind diese am Ende nicht mehr trocken, sondern voller Molke.

Ein anderer Deutungsversuch kommt zu dem Schluss, dass es sich bei den Tüchern um trockene Kleidungsstücke handelt, in die beispielsweise Leute gewickelt werden, die nass geworden sind. Die Trockenheit soll sie davor bewahren, sich eine Erkältung oder Schlimmeres zu holen. Einiges spricht aber auch dafür, dass es sich um Windeln handeln könnte. Gelegentlich wird dieser Zusatz sogar verwendet: „Das Kind ist gewickelt und in trockenen Tüchern. Jetzt können wir es ins Bett bringen."

Workout

Das Workout ist 1:1 übernommen aus dem Amerikanischen und bezeichnet eine Art intensives
Fitnesstraining, quasi bis zu Erschöpfung. Abgeleitet
ist es von dem umgangssprachlichen „worked out",
was die Bezeichnung für harte körperliche Arbeit bis
hin zur völligen Erschöpfung ist und am besten mit
„abgearbeitet" übersetzt wird.
Heute arbeitet man sich bevorzugt unmittelbar im
Anschluss an die Arbeit ab, was die Vermutung nahe
legt, dass harte Arbeit für manche Menschen das
pure Vergnügen ist und mitunter sehr entspannend
sein kann.

Zetermordio schreien

Zetermordio, auch Zeter und Mordio, schreit man
immer dann, wenn einem etwas überhaupt nicht
passt. „Als es wieder daran ging, gewaschen zu werden, schrien die Kinder Zeter und Mordio."
Die Wendung heißt soviel wie lautstark protestie-
ren, ein großes Geschrei anstimmen. Zeter war im
Mittelhochdeutschen ein Hilferuf, der angestimmt
wurde, wenn man überfallen wurde. Möglicherweise ist der Begriff eine Zusammensetzung von „Ze
æchte her!" („Herbei zur Vergeltung!"). Mordio war
der entsprechende Hilferuf bei einem Mord oder
Mordanschlag.

Kunterbunt

Aus dem Leben wissen wir: Es ist nicht immer das, wonach es auf den ersten Blick aussieht, und was für das Leben gilt, gilt auch für die Sprache. Wenn man beispielsweise versucht, die Herkunft von Redewendungen zu erklären, ohne detaillierte Hintergrundinformationen zu besitzen, liegt man ganz schnell einmal daneben.

Beispielsweise gibt es Wörter, die gleich klingen wie andere, sogar solche, die gleich geschrieben werden, aber dennoch haben sie ganz unterschiedliche Bedeutungen. Dies liegt daran, dass sie ganz andere Wurzeln haben und erst durch verschiedene Veränderungen in der Schreibweise – je nach Perspektive ein Vor- oder ein Nachteil einer lebendigen Sprache – über die Zeit in ihre heutige uns bekannte Form gebracht wurden.

Gelegentlich gingen die Veränderungen so weit, dass heutzutage noch nicht einmal die Gelehrten eindeutig sagen können, auf welche Urform ein Wort zurückzuführen ist, weil es keine Überlieferung dieser Formen gibt, sprich: Man hat keine Schriftstücke gefunden, die irgendwelche Hinweise geben könnten.

Aber auch mit neueren Begriffen und Redewendungen kann dies passieren. Man glaubt zwar landläufig, dass in einer Zeit, in der quasi alles dokumentiert wird, nichts abhanden kommt, aber dies ist ein Trugschluss.

Vor allem Ausdrücke, die ausschließlich mündlich gebraucht werden, können sich so schnell verändern, dass hinterher niemand mehr erklären kann, woher sie ursprünglich kamen, und dies führt schließlich zu den wildesten Spekulationen. Aber ein paar dieser Spekulationen können Sie nach diesem Kapitel getrost bleiben lassen ...

Baff sein

Das Wort „baff" wird ausschließlich in der Wendung „baff sein" verwendet, was soviel bedeutet wie verblüfft, überrascht oder sprachlos sein. Möglicherweise ist es aus dem lautmalerischen „paff" abgeleitet, dem Geräusch, das bei einem Knall entsteht. Die typische Reaktion bei diesem Geräusch ist, dass man sich erschrickt und einen Moment lang sprachlos ist. Lautmalerische Wörter, die versuchen akustische Eindrücke mit sprachlichen Zeichen darzustellen sind übrigens sehr alt, wahrscheinlich so alt wie die Sprache selbst, und nicht etwa erst seit den Sprechblasen in Comicheften bekannt.

„Baff" könnte aber auch auf ein anderes Geräusch zurückgehen, nämlich jenem, das beim Luftablassen entsteht. Die ursprüngliche Bedeutung wäre dann ein Ausdruck dafür, dass einem die Luft wegbleibt.

Bauklötze staunen

Folgt man einer mündlichen Berliner Überlieferung, dann war es der Berliner Bolle, der jene Bauklötze erfand, die wir immer dann staunen, wenn wir uns über etwas sehr wundern. Er war gerade mit Tünnes, seinem alten Kölner Kameraden unterwegs, der ein paar Tage auf Besuch in Berlin war, als den beiden eine bildhübsche Berlinerin begegnete. Tünnes fielen beinahe die Augen aus dem Kopf, worauf Bolle bemerkte: „Da staunste Klötze, wa!" Da sein Kölner Freund offenbar nur Bahnhof verstand, veranschaulichte Bolle das eben Gesagte in der typisch berlinerischen Art: „Na Klötze, Tünnes! Bauklötze!" Tatsächlich vermutet man, dass die Wendung zuerst in Berlin gebräuchlich war. Zurückführen lassen sich diese Klötze auf den Berliner Ausdruck „Jlotzen machen" oder „Jlotzoogen machen" (Glotzaugen machen), was noch heute gebräuchlich ist. Wahrscheinlich unter Einfluss des gleichbedeutenden fränkischen „Klozzer" entwickelten sich dann die Klötze beziehungsweise die Bauklötze.

Binsenweisheit

Als Binsenweisheit beziehungsweise Binsenwahrheit bezeichnet man jene unumstößlichen, immer gültigen Wahrheiten, die man sich eigentlich sparen könnte, weil sie keine neuen Erkenntnisse bringen. „Wer keine Tore schießt, kann nicht gewinnen. Die alte Binsenweisheit bewahrheitet sich immer wieder." Etwas unklar ist allerdings, was die Binsen mit Weisheit oder Wahrheit zu tun haben.
Möglicherweise geht der Begriff auf die lateinische Wendung „quaerere in scirpo nodum" (übersetzt: in der Binse einen Knoten suchen) zurück, was soviel heißen soll wie sich unnötige Mühe machen – die Binse hat keinen Knoten. Der Spruch wurde verwendet, wenn jemand eine einfache Wahrheit lang und breit erklären wollte.

Sich (nicht) ins Bockshorn jagen lassen

Einer, der sich ins Bockshorn jagen lässt, der lässt sich einschüchtern beziehungsweise Angst einjagen, ohne dass ein triftiger Grund dafür besteht: „Lass dich von dem nicht ins Bockshorn jagen! Der blufft nur. In Wirklichkeit hat er nichts gegen dich in der Hand."

Die Redewendung könnte zurückgehen auf das so genannte „Ziegenfelltreiben", eine frühere Form des Rügegerichts, bei dem dem Übeltäter ein Ziegenfell umgehängt wurde. Darin wurde er dann umhergejagt. Das Bockshorn könnte eine Umdeutung gewesen sein aus „bockes hamo" (Ziegenfell). Eine andere Deutung sieht darin eine der verschiedenen Bezeichnungen für den Teufel. Letztendlich hat man bisher aber noch nicht herausgefunden, was es mit dem Bockshorn tatsächlich auf sich hat.

Böhmische Dörfer

Von den böhmischen Dörfern spricht man immer dann, wenn einem etwas fremdartig erscheint, wenn man mit einer Sache nichts anzufangen weiß. „Die höhere Mathematik! Das sind für mich alles böhmische Dörfer."

Die Wendung geht vermutlich darauf zurück, dass die deutsche Bevölkerung in Böhmen mit den tschechischen Ortsnamen einiger Dörfer in der Tat nicht viel anfangen konnte. Die Namen waren für alle, die des Tschechischen nicht mächtig waren, nicht lesbar, geschweige denn aussprechbar.

Alles in Butter

Alles ist in Butter, wenn die Geschäfte gut laufen oder auch eine brenzlige Situation unbeschadet überstanden wurde.

Die Redensart stammt vermutlich aus dem Mittelalter. Um Gläser – Glas war damals ein sehr wert-
volles Gut – unbeschadet über weitere Strecken zu
transportieren, legte man sie in Fässer und übergoss
sie mit flüssiger Butter. Beim Erkalten wurde die
Butter fest, die Gläser waren fixiert, und so konnte
beim Transport beinahe nichts schiefgehen, das
wertvolle Gut nicht brechen.
Eine andere Deutung geht davon aus, dass die Redewendung etwas mit dem Essen zu tun hat. Wenn
man anstatt irgendeines billigen Fettes echte Butter
zur Verfügung hatte, dann war alles in Butter, also
alles bestens.

Das schlägt dem Fass den Boden aus

Dieser sprichwörtliche Ausdruck höchster Entrüs-
tung stammt angeblich aus dem Küfer- beziehungsweise Böttcherhandwerk. Trieb der Fassmacher die
Reifen zu weit in die Mitte, konnte es leicht geschehen, dass der Fassboden heraussprang. Daraus soll
sich die verallgemeinerte Bedeutung „etwas zu weit
treiben" entwickelt haben.
Eine andere Spur führt nach Bayern, und zwar zum
bayerischsten aller Getränke, dem Bier. Um das
Reinheitsgebot von 1516 durchzusetzen, so der
Erklärungsansatz, waren strenge Kontrollen nötig.
Wurde nun ein Brauer dabei erwischt, sein Bier
nicht gesetzmäßig zu brauen, machten die Kontrol-
leure kurzen Prozess und schlugen allen Fässern
den Boden aus, was gelegentlich den Verlust der
Existenzgrundlage zur Folge hatte. Ist aber auch eine
Unverschämtheit, das gute Bier zu versauen – das
schlägt dem Fass den Boden aus!

Firlefanz

Der Firlefanz (mittelhochdeutsch: firlifanz) war im Mittelalter ein närrischer Tanz. Heute steht der Begriff einerseits für wertlosen Kram, auf der anderen Seite aber auch für allerlei Albernheiten, Kindereien und Torheiten, und zwar im negativen Sinne.

„Was soll der ganze Firlefanz? Bin ich etwa in ein Irrenhaus geraten?" Damit teilt das Wort das Schicksal so vieler anderer: Es hat eine Bedeutungsverschlechterung erfahren.

Darauf kannst du Gift nehmen

Diese Aufforderung, die man lieber nicht allzu wörtlich nehmen sollte, besagt, dass etwas ganz sicher ist, dass man sich auf etwas verlassen kann. „Wir werden dieses Spiel heute mit Sicherheit gewinnen. Darauf kannst du Gift nehmen."

Die Redewendung könnte ähnlich wie die Wendung „für jemanden die Hand ins Feuer legen" auf ein mittelalterliches Gottesurteil zurückgehen, bei dem einem Beschuldigten Gift verabreicht wurde. Überlebte er, dann war er unschuldig, wenn nicht, dann hatte man den Richtigen vergiftet. Derlei Gottesurteile – man ließ sich so einiges einfallen – waren damals die übliche Form, um über Schuld oder Unschuld zu entscheiden.

Weniger einleuchtend erscheint eine andere Erklärung, wonach es sich bei dem „Gift" eigentlich um „Medizin" handeln soll. Bekanntlich entscheidet ja stets die Dosis über die Bekömmlichkeit, und somit über die Heilungserfolge.

Haare auf den Zähnen

Die sprichwörtlichen Haare auf den Zähnen haben
in der Regel nur Frauen, und zwar dann, wenn sie
besonders schroff, aggressiv und herrschsüchtig sind
– Eigenschaften, die man in der Regel eher Männern
zuordnet. „Mit der sollte man sich besser nicht anle-
gen. Die hat Haare auf den Zähnen."
Die Redewendung dürfte darauf zurückgehen, dass
eine starke Körperbehaarung als Zeichen von Männ-
lichkeit galt. Frauen, die ihre „männliche Seite" allzu
sehr betonten, gaben sich noch männlicher als die
Männer. Sie hatten Haare sogar auf der Zunge, später dann auf den Zähnen – nur bildlich gesprochen,
versteht sich.

Die Hand ins Feuer legen

Eine Hand legt man für die Menschen ins Feuer,
denen man bedingungslos vertraut. „Auf den kannst
du dich hundertprozentig verlassen. Für den würde
ich meine Hand ins Feuer legen."
Diese Wendung geht vermutlich auf ein mittelalterliches Gottesurteil zurück. Bei dieser speziellen Form
musste ein Beschuldigter seine Hand für eine Weile
– wie lang genau, ist nicht bekannt – in eine Flamme
halten. Erlitt er dabei keine Verbrennungen, dann war
ihm der Vorstellung nach Gott zur Seite gesprungen.
Folglich war er unschuldig.
Dass diesen Unschuldsbeweis nur sehr wenige
Glückliche erbringen konnten, liegt in der Natur der
Sache, aber man kann daraus die Lehre ziehen, dass
man sich zumindest ganz genau überlegen sollte, für
wen man seine Hand ins Feuer legt.

Hanebüchen

Als hanebüchen bezeichnet man etwas Derbes,
etwas, das als sehr grob anzusehen ist, zum Beispiel
die hanebüchene Frechheit, die hanebüchene Lüge
oder den hanebüchenen Fehler.
In neuerer Zeit, besonders beliebt bei einigen Politikern, greift auch der hanebüchene Unsinn immer
mehr um sich – mit einer leicht verschobenen
Bedeutung im Sinne von „haarsträubend", „unglaub-
lich": „Was Sie da von sich geben, ist hanebüchen. So
einen Unsinn habe ich ja selten gehört."
Das Wort leitet sich ab von der Hagebuche beziehungsweise Hainbuche, einem Birkengewächs. Etwas
Hanebüchenes ist so beschaffen wie das Holz dieses
Baumes, nämlich grob und klotzig.

Hokuspokus

„Hokuspokus" ist ursprünglich eine Zauberformel,
deren Zauberkraft genauso schleierhaft ist wie ihre
Herkunft. Sicher ist, dass es sich um eine Reimformel
handelt, wie sie für Zaubersprüche üblich ist. Allen der-
artigen Zauberformeln ist gemein, dass sie möglichst
beeindruckend und geheimnisvoll klingen sollen, um
eine möglichst große Wirkung zu erzielen – zumindest
bei den nicht eingeweihten Zeugen des Zaubers.
Möglicherweise ist „Hokuspokus" abgeleitet aus
der älteren, pseudo-lateinischen Zauberformel „hax
fax max deus audimax", die schon im Mittelalter
gebräuchlich war. Es ist auch nicht ganz auszuschließen, dass die liturgische Weiheformel „hoc est cor-
pus meum" (übersetzt: Dies ist mein Leib) bei der
Bildung eine Rolle gespielt hat. Belegt ist der oder

das Hokuspokus zum ersten Mal im England des 17. Jahrhunderts, und zwar als „hocospocos" (übersetzt: „Taschenspieler").

In einer ähnlichen Bedeutung wird der Begriff auch heute verwendet, nämlich als eine Art Taschenspielertrick, als lautes Getue, als viel Lärm um nichts. Mit einem Wort: große Worte und nichts dahinter. „Was der hier für einen Hokuspokus veranstaltet, ist nicht auszuhalten. Der soll sich lieber einmal auf das Wesentliche beschränken."

Übrigens: Wenn die Zauberformel in ihrer einfachen Form nicht den erwünschten Erfolg bringt, sollte man es mit ebenso beeindruckenden Zusätzen versuchen, beispielsweise mit „Hokuspokus Fidibus, dreimal schwarzer Kater".

Sich etwas an den Hut stecken

Es ist oft ein Zeichen großer Wut, wenn man andere dazu auffordert, sich etwas an den Hut zu stecken. „Lass mich einfach in Ruhe! Dein Geld kannst du dir an den Hut stecken."

Derjenige, der die Redewendung gebraucht, möchte damit zum Ausdruck bringen, dass das, was ihm der andere anbietet, keinen Wert (mehr) für ihn selbst besitzt, und zwar gerade deswegen, weil es vom anderen kommt.

An den Hut kann man sich vom Geld bis hin zum Job beinahe alles stecken, je nach aktuellem Anlass, aber warum das Bild überhaupt verwendet wird ist etwas unklar. Möglicherweise deshalb, weil alles, was man sich in früheren Zeiten tatsächlich an den Hut steckte – sei es eine Feder oder auch eine Blume – als quasi wertlos angesehen wurde.

Über die Hutschnur

Ist die Grenze des Erträglichen erreicht oder über-
schritten, dann geht einem das gelegentlich über die
Hutschnur. Mit einem Wort: Es reicht! „Dein ewiges
Jammern ist unerträglich. Das geht mir langsam über
die Hutschnur." Parallel dazu gibt es noch die Wendung: „Das steht mir bis zum Halse."
Verantwortlich ist möglicherweise die Vorstellung,
dass der Ärger langsam aus der Magengegend nach
oben steigt. Höher geht es wirklich nicht mehr.
Etwas seltener ist die Verwendung der Hutschnur
für „bis über die Ohren": „Sie steckt bis über die
Hutschnur in Schwierigkeiten."

Olle Kamellen

Von den ollen Kamellen spricht man immer dann,
wenn man jemandem klipp und klar sagen möchte,
dass das, was er von sich gibt, recht einfallslos ist.
„Mit diesem Konzept können Sie niemanden mehr
hinter dem Ofen hervorlocken. Das sind doch alles
olle Kamellen!"
Mit den Kamellen sind übrigens nicht die Süßig-
keiten und sonstigen Freudenbringer gemeint, die
im Karneval ins jubelnde Volk geworfen werden.
„Kamellen" ist die niederdeutsche Bezeichnung für
Kamillenblüten. Wenn diese zu lange gelagert werden, verlieren sie nach und nach ihre heilende Wirkung. Wenn einem ein Apotheker also „olle Kamellen", „alte Kamillenblüten", andrehen wollte, hatte
er zwar sein eigenes Geschäft im Sinne, nicht jedoch
das Wohl seiner Kunden. In genau dieser Bedeutung
wird der Begriff bis heute verwendet.

Mit Kind und Kegel

Wer mit Kind und Kegel unterwegs ist, der hat die ganze Familie dabei. „Wir sind verreist mit Kind und Kegel, und der Opa war auch dabei." Die Redewendung wird heute scherzhaft verwendet. Früher war Kegel die Bezeichnung für ein uneheliches Kind. Sprach man von Kind und Kegel, dann also wirklich von allen, denn uneheliche Kinder wurden nicht selten lieber verschwiegen.

Die weitere Herkunft von Kegel in dieser Verwendung und eine etwaige Verwandtschaft mit dem mathematischen Körper oder dem Spielgerät „Kegel" liegt im Dunklen.

Nicht gut Kirschen essen

Der Hinweis darauf, dass sich mit jemandem nicht gut Kirschen essen lässt, ist eine gut gemeinte Warnung, die sich auf Erfahrungswerte stützt. „Vor dem solltest du dich in Acht nehmen. Mit dem ist nicht gut Kirschen essen."

Ihren Ursprung hat die Redewendung in einem Sprichwort, das schon im Mittelalter bekannt war: „Wer mit Herren Kirschen essen will, dem werfen sie die Stiele in die Augen." Es handelte sich also ursprünglich um eine Warnung an Untergebene vor den Launen ihres Herrn.

Kokolores

Um zum Ausdruck zu bringen, dass man etwas ziemlich dumm oder unsinnig findet, bezeichnet man es gelegentlich als „Kokolores". „So ein Kokolores! Alles Blödsinn, was Sie da sagen."

Woher der Kokolores kommt und wer ihn erfunden hat, ist nicht geklärt, aber höchstwahrscheinlich handelt es sich um eine von zahlreichen pseudo-lateinischen Wortschöpfungen, die kreiert wurden, um den Eindruck von Gelehrsamkeit zu erwecken. In Wirklichkeit steckte nichts dahinter. Dummes Gerede, Kokolores eben.

Kuddelmuddel

Als Kuddelmuddel wird ein heilloses Durcheinander bezeichnet.

Bei dem Begriff handelt es sich um eine Reimbildung, die sich vermutlich ableitet von niederdeutsch „koddeln" (Sudelwäsche halten) und Moder, regional auch „Muddel" (Schlamm). Als „Sudler" bezeichnete man einen „Garkoch" beziehungsweise „Feldkoch", aber auch einen schlechten, stümperhaften Koch.

Kunterbunt

Kunterbunt kann so ziemlich alles sein, zum Beispiel das kunterbunte Durcheinander, die kunterbunte Kinderschar in der Villa Kunterbunt von Astrid Lindgrens Pipi Langstrumpf und nicht zuletzt auch das kunterbunte Kleid, wobei kunterbunt nichts mit bunt im Sinne von vielfarbig zu tun hat.

Die genaue Herkunft des Wortes ist unklar, es geht aber möglicherweise auf „contrabund" beziehungsweise „Kontrapunkt" zurück, was soviel bedeutet wie vielstimmig.

Beleidigte Leberwurst

Die volkstümliche Überlieferung einer alten
Geschichte verrät den Hintergrund dieser Bezeichnung für beleidigte Menschen: Die Leberwurst
wurde einst furchtbar wütend, als man die Blutwurst
vor ihr aus dem Kessel nahm. Sie war sogar so auf-
gebracht darüber, allein weiterkochen zu müssen,
dass sie schließlich vor Zorn platzte.
Seit diesem Tage sprechen alle nur noch von der
berühmten beleidigten Leberwurst, und fortan
wurde jeder, aus welchem Grunde auch immer er
beleidigt war, ganz einfach als beleidigte Leberwurst
bezeichnet.
Möglicherweise steckt aber auch die frühere
Vorstellung dahinter, das Gemüt sitze in der Leber,
und deshalb sei dieses Organ verantwortlich für
alle Launen und Gemütszustände. Demnach wäre
es ursprünglich die beleidigte Leber, erst später
die Leberwurst gewesen. Woher allerdings die
Wurst kam, bleibt im Dunklen.

Manschetten haben

Wer Manschetten hat, der fürchtet sich vor etwas
oder vor jemandem. Zumindest hat er großen
Respekt. „Morgen habe ich ein Vorstellungsgespräch.
Ich habe ganz schön Manschetten."
Die Wendung geht ins 18. Jahrhundert zurück, und
zwar in eine Zeit, in der lange Manschetten Mode
waren. Jemand, der solche Manschetten trug, galt in
studentischen Kreisen als feige, weil sie ihn daran
hinderten, seinen Degen zu benutzen und sich so
einem Kampf zu stellen.

Auf den Nägeln brennen

Wenn jemandem etwas auf den Nägeln brennt, dann
möchte er dringend etwas loswerden, etwas aussprechen. „Diese Sache brennt mir schon lange auf
den Nägeln. Ich muss endlich mal Klartext mit dir
reden."
Die Redewendung geht unter Umständen auf eine
frühere Gewohnheit von Mönchen zurück. Während
der Messe befestigten sie eine Kerze auf dem Dau-
mennagel, um beim Kerzenlicht mitlesen zu können.
Je länger die Messe dauerte, desto kürzer wurde die
Kerze. Irgendwann wurde die Sache unangenehm,
begann im wahrsten Sinne des Wortes auf den
Nägeln zu brennen, und man hatte es eilig, sich dieser Pein zu entledigen.
Eine andere mögliche Erklärung führt zurück auf
eine beliebte Foltermethode, bei der den Gepeinig-
ten glühende Kohlen auf die Fingernägel gelegt wurden. Um sie loszuwerden, musste man, wie bei der
Folter üblich, ein Geständnis ablegen.

Wo der Pfeffer wächst

Wenn jemand unerwünscht ist, aus welchen Grün-
den auch immer, dann wünschen wir ihn an einen
sehr fernen Ort, nämlich dorthin, wo der Pfeffer
wächst. „Den kann ich jetzt überhaupt nicht brauchen. Der soll bleiben, wo der Pfeffer wächst."
Aber wo wächst der Pfeffer eigentlich? Früher und
auch heute noch in Indien, ein Land, das nach den
damaligen Vorstellungen noch viel weiter entfernt
war als in unserer globalisierten Welt. Pfeffer wuchs
später auch in den französischen Kolonien vor

Südamerika, die nicht nur zur Gewinnung von Roh-
stoffen genutzt wurden, sondern auch als Strafkolo-
nien dienten. Ein Zusammenhang der Redewendung
„Bleib, wo der Pfeffer wächst!" (bleib in der Verban-
nung) mit diesen französischen Kolonien lässt sich
jedoch nicht nachweisen.

Treulose Tomate

Als treulose Tomate wird ein Mensch bezeichnet,
der einen anderen schnell vergisst oder im Stich
lässt. „Ich hatte eigentlich geglaubt, dass wir gute
Freunde wären, aber du hältst es anscheinend nicht
für nötig, dich wenigstens ab und zu bei mir zu mel-
den. Du bist schon eine treulose Tomate."
Da die Herkunft der treulosen Tomate nicht einmal
ansatzweise geklärt werden kann, gibt es die wildesten Theorien zu ihrem Ursprung. Eine davon besagt,
dass die Tomate eine verunglimpfende Bezeichnung
für die Italiener sei. Treulos deshalb, weil sie einen
vermeintlich – besonders die Deutschen während
des Krieges – gern einmal im Stich lassen.
Andere bezeichnen Tomaten als treulos, weil man
sich nie darauf verlassen kann, wann sie reif sind.

Tussi

Als Tussi bezeichnet man heutzutage zickige, arro-
gante junge Frauen, also jene Frauen, die ihrer
Umgebung das Leben nicht gerade leicht machen.
Entstanden ist die Kurzform aus dem Namen
Thusnelda, der bis ins 19. Jahrhundert noch positiv
besetzt war. Thusnelda hieß die Gattin des Cherus-

kerfürsten Arminius, der die Römer in der Varus-
schlacht vernichtend besiegte. Später, als Thusnelda
in römische Gefangenschaft geriet, wurde sie wegen
ihres tadellosen Verhaltens als das Vorbild einer Ger-
manin schlechthin dargestellt.
Wie die vorbildliche Thusnelda zur zickigen Tussi
wurde, ist nicht ganz sicher, möglicherweise aber
durch die Gemahlin von Hermann in Heinrich von
Kleists „Hermannschlacht".

Verballhornung

Als Verballhornung, selten auch Ballhornisierung,
bezeichnet man die Verfremdung von Schreibwei-
sen, sodass ein anderer Sinn entsteht. Was heraus-
kommt, sind so genannte „Verschlimmbesserungen".
Typische Verballhornungen sind beispielsweise der
„Rechtsverdreher" (statt Rechtsvertreter), „zum
Bleistift" (statt zum Beispiel), „Sellerie" (statt c'est
la vie) oder auch die Aufforderung „God shave the
Queen" (statt God save the Queen).
Der Begriff hat nichts damit zu tun, dass man Verben
die Hörner aufsetzt, sondern geht zurück auf den
Lübecker Buchdrucker Johann Balhorn den Jüngeren.
In seiner Druckerei erschien einst eine Ausgabe des
alten Lübecker Stadtrechts, die jedoch – von einem
ungenannten Bearbeiter – dermaßen entstellt war,
dass diese Ausgabe, die so genannte „Editio Balhor-
niana" (Balhorn-Ausgabe) unbrauchbar war.
Die genauen Angaben zu Johann Balhorn gehen
allerdings weit auseinander.

Zum täglichen Gebrauch

Das letzte Kapitel dieses Buches möchte Ihre Aufmerksamkeit noch einmal darauf lenken, wie überaus hilfreich manche Wörter und Redewendungen sein können. Immerhin benutzen wir sie jeden Tag, jeder von uns, wenn auch nicht immer bewusst. Hilfreich sind sie deswegen, weil sie oft schneller zur Hand sind als ein Fachbegriff, weil sie ganz einfach zum mündlichen Sprachgebrauch gehören, weil wir uns daran gewöhnt haben, und wenn Sie eine gute Methode kennen lernen möchten, einen Muttersprachler von einem nicht Muttersprachler zu unterscheiden, dann achten Sie einmal bewusst darauf, wie viele Redewendungen er tatsächlich benutzt. Es werden nur sehr wenige sein, und das hängt mit der Art und Weise zusammen, wie wir unsere Muttersprache erlernen. Dies tun wir nämlich nicht Wort für Wort, sondern durch Nachahmung komplexerer Strukturen und ganzer Sätze. Wir lernen die Sprache in einem Kontext.

Die ersten Redewendungen kennen wir also schon, bevor wir richtig sprechen können, und das Erste, das uns einfällt, wenn wir sprachlich einmal schnell auf etwas reagieren müssen, sind eben jene feststehenden Wendungen.

Nützlich sind sie aber auch deshalb, weil sich so lustige Dinge sagen lassen. Lustig zumindest dann, wenn man einmal einen Moment darüber nachdenkt, was genau dahinter stecken könnte.

Abwarten und Tee trinken

Der Spruch ist eine Aufforderung, die Ruhe zu bewahren, erst einmal abzuwarten, wie die Dinge sich entwickeln. Warum man dabei aber ausgerechnet Tee trinken soll, ist jedoch nicht genau bekannt. Möglicherweise deshalb, weil verschiedene Kräutertees besondere Heilkräfte haben. Wenn man krank ist, so glaubte man zumindest früher, kann man ohnehin nicht viel mehr tun als abzuwarten – und Tee zu trinken.

Es könnte auch aber eine Anspielung auf die Engländer sein, die scheinbar nie aus der Fassung geraten – selbst in der schwierigsten Situation verzichten sie nicht auf ihren Tee.

Blümchenkaffee

Was man vor allem dem amerikanischen, manchmal aber auch dem deutschen Kaffee nachsagt, ist, dass er zu dünn wäre, und etwas spöttisch spricht man bei sehr dünnen Kaffee von Blümchenkaffee. Blümchenkaffee deshalb, weil das Gebräu so farblos ist, dass man die Blümchen am Tassenboden durchschimmern sieht – obgleich die Innenwände der Kaffeetassen meist überhaupt nicht mehr verziert sind. Im 18. Jahrhundert war dies durchaus der Fall, insbesondere auch beim Meißener Porzellan. Der Begriff Blümchenkaffee war in Sachsen bereits in den 20er Jahren des 18. Jahrhunderts bekannt, allerdings mit einer durchaus positiven Bedeutung. Ein Kaffee, so rein und klar, dass man die Blümchen am Tassenboden durchschimmern sieht, und darauf legte man großen Wert, konnte man doch zeigen, was man hatte: echtes Meißener Porzellan und echten Bohnenkaffee. Der Blümchenkaffee war das gesamte 18. Jahrhundert durch eine Frage des Ansehens. Die Bedeutung kippte erst im 19. Jahrhundert ins negativ Spöttische.

Hals- und Beinbruch

Warum man jemandem, dem man eigentlich die besten Glückwünsche mit auf den Weg geben möchte, ausgerechnet Hals und Beinbruch wünscht, ist nicht leicht einzusehen, wenn man einmal genau darüber nachdenkt.

Wie es zu dieser denkwürdigen Glückwunschformel kam, ist wie so oft auch in diesem Fall nicht mit Sicherheit zu sagen. Ein Erklärungsversuch führt die Wendung auf den jiddischen Segenswunsch „hazlóche un bróche" (übersetzt: Glück und Segen) zurück, der, weil er nicht richtig verstanden wurde, als Hals- und Beinbruch gedeutet oder dazu verballhornt wurde.

Ein anderer Ansatz begründet diesen überaus gemeinen Wunsch damit, dass im Volk der Aberglaube herrschte, gute Wünsche würden von den Schicksalsmächten gern einmal in ihr Gegenteil verkehrt. Dann also lieber etwas Schlechtes wünschen, damit am Ende etwas Gutes dabei herauskommt, und schlimmer als sich den Hals zu brechen kann es wirklich kaum kommen.

Für diese These spricht zumindest, dass sich noch mehrere dieser ins Gegenteil verkehrten Wünsche finden lassen, zum Beispiel der Seglergruß „Mast- und Schotbruch".

Kohldampf schieben

Kohldampf schieben ist ein anderer Ausdruck für „großen Hunger haben".

Der Kohldampf hat aber weder etwas mit dem beliebten Gemüse zu tun, noch mit dem Dampf, wie er etwa beim Wasserkochen entsteht. Vielmehr kommen beide Begriffe aus der Gaunersprache, dem Rotwelschen. Kohl, abgeleitet von Koll beziehungsweise Koller bedeutet Wut oder auch wütender Hunger, und Dampf bedeutet ebenfalls Hunger. Kohldampf ist also Hunger in doppeltem Sinne, sehr großer Hunger eben.

Ab durch die Mitte!

Durch die Mitte geht man ab, wenn man keine Zeit zu verlieren hat. „Schnell noch die Sachen gepackt und ab durch die Mitte!"
Die Wendung ist eigentlich eine Regieanweisung, wie sie bei Theaterstücken gebräuchlich ist. Für die Personen, die sich auf der Bühne finden, gibt es mehrere Möglichkeiten, diese wieder zu verlassen. Ab nach links, ab nach rechts oder ab durch die Mitte.

Die Ohren steif halten

Die Aufforderung, die Ohren steif zu halten, ist immer dann angebracht, wenn es darum geht, jemanden aufzumuntern, ihm Mut zu machen. „Halt die Ohren steif! Eine Sechs bedeutet doch keinen Weltuntergang. Das wird schon wieder."
Insbesondere an Hunden und Pferden lässt sich beobachten, dass Tiere mit hängenden Ohren müde sind. Aufgestellte beziehungsweise „gespitzte" Ohren sind dagegen ein Zeichen von großer Aufmerksamkeit.
Eben auf jenes tierische Verhalten geht auch die Wendung „die Ohren spitzen" zurück. „Jetzt spitzt einmal die Ohren!" (Jetzt hört mal genau zu!)

Okay

Zahlreiche Forschungen kommen zu dem Ergebnis, dass okay beziehungsweise o.k. das weltweit bekannteste Wort überhaupt ist, aber etwas ratlos wirken die verschiedenen Erklärungsversuche.

Die meisten Deutungen gehen in die Richtung, dass es sich bei dem aus dem Englischen kommenden Begriff um eine verballhornte Abkürzung von „all correct" (gesprochen: oll korekt; übersetzt: alles richtig) handeln soll, bevorzugt von amerikanischen Journalisten verwendet, die in der gleichen Weise auch andere verballhornte Abkürzungen schufen, zum Beispiel „K.G." für „no go" (in etwa zu übersetzen als „Tabu") oder „o.w." für „all right".

Daneben gibt es natürlich noch zahlreiche weitere Theorien, wovon hier nur ein paar genannt sein wollen:

o.k.: Eine Abkürzung für einen gewissen Otto Krause, der einst als Kontrolleur in einer amerikanischen Fabrik gearbeitet haben soll und alle Kisten, die in Ordnung waren mit seinem Zeichen O.K. versah.

o.k.: Eine Abkürzung aus dem Militärwesen, wobei das „O" eigentlich eine „Null" war und als freudige Botschaft „0 killed" (keiner getötet) nach einem erfolgreichen Einsatz vermeldet wurde.

o.k.: Die Abkürzung kommt aus dem Griechischen, wo „Ola Kala" nichts anderes bedeutet als „Alles klar", anders ausgedrückt okay.

Pariser

Obgleich man auf den ersten Blick vermuten könnte, dass die umgangssprachliche Bezeichnung für das Kondom in direktem Zusammenhang mit der Hauptstadt Frankreichs stehe, hat die Welthauptstadt der Liebe und deren Einwohner nur sehr indirekt etwas mit diesem Verhütungsmittel zu tun. Ebenfalls daneben liegen Waffenexperten, die annehmen, der Pariser sei in irgendeiner Form abgeleitet von der gleichnamigen Fechtwaffe, die in der Mitte des 18. Jahrhunderts in Frankreich entwickelt wurde und in Deutschland bis ins 19. Jahrhundert hinein vor allem bei Studenten sehr beliebt war.

Auch die in Österreich gebräuchliche Bezeichnung „Pariser" für eine spezielle „Extrawurst" greift ins Leere.

Vielmehr ist der Pariser, der heute als solcher in aller Munde ist, eine Verballhornung des Begriffs „Präservativ" beziehungsweise dessen Kurzform „Präser".

Guten Rutsch

Der Gute Rutsch ins neue Jahr, den man sich üblicherweise kurz vor Silvester wünscht, ist möglicherweise eine Umdeutung des jiddischen Ausdrucks „rosch" (übersetzt: Anfang) und hat nichts mit dem Rutschen zu tun. Enthalten ist dieses Wort auch im Namen des jüdischen Neujahrsfestes „Rosch ha-Schana".

Wie so oft sind sich die Sprachgelehrten aber auch in diesem Fall nicht einig, denn eine entsprechende Grußformel ist weder im hebräischen noch im jiddischen Sprachgebrauch zu finden. Der Rutsch könnte also auch anderswo herkommen, zum Beispiel von dem Wort „Rutsch" mit der Nebenbedeutung „Reise". Ob man sich aber nun einen guten Anfang oder eine gute Reise wünscht, ist letztendlich nebensächlich. Schließlich zählt allein der gute Vorsatz.

Süßholz raspeln

Wer Süßholz raspelt, der schmeichelt sich bei einem anderen ein oder versucht dies zumindest. Zum stilechten Süßholz raspeln verwendet man oft recht leicht zu durchschauende Komplimente.

Süßholz wird unter anderem zur Herstellung von Lakritze – früher auch zur Herstellung von Medikamenten – verwendet. Vor der weiteren Verarbeitung wurde es zunächst geraspelt.

Wie das Süßholz raspeln allerdings in den Zusammenhang mit Schmeicheleien gebracht wurde, ist nicht sofort nachvollziehbar. Möglicherweise steht das Bild dahinter, dass man durch das Süßholz raspeln Süßes produzierte; süß wiederum ist auch in der übertragenen Bedeutung „nett, angenehm, liebenswürdig" bekannt. Demnach wäre der Süßholzraspler einer, der Liebenswürdigkeiten – anders ausgedrückt Schmeicheleien – „produziert".

Toi, toi, toi

Bei „toi, toi, toi" handelt es sich um eine Glücksformel, die lautmalerisch das Ausspucken nachempfindet.

In früheren Zeiten glaubte man, dass durch dreimaliges Spucken böse Geister abgewehrt werden. Diese Sitte ist heutzutage nicht mehr üblich und weitgehend in Vergessenheit geraten. Übrig geblieben ist die Formel „toi, toi, toi", die wir einerseits verwenden, um einen guten Wunsch, den wir jemandem mit auf den Weg geben, zu untermauern. „Für deine Führerscheinprüfung wünsche ich dir alles Gute. Toi, toi, toi!"

Andererseits soll durch den Ausspruch der Formel Unglück abgewendet werden. „Na, das ist ja noch einmal gut gegangen. Toi, toi, toi!" Eine Glücksformel also in doppeltem Sinne.

Trick 17

Wer Trick siebzehn anzuwenden versteht, der hat den Dreh raus und für jedes kniffelige Problem eine Lösung parat. „Wie hast du es denn geschafft, dass deine alte Klapperkiste wieder läuft?" – „Trick siebzehn!"

Dass dieser Trick so bekannt und weit verbreitet ist, ist sehr bemerkenswert, denn eigentlich weiß niemand so ganz genau, was dahintersteckt. Es könnte alles und genauso gut nichts sein. Auch über die Herkunft kann nur spekuliert werden: Manche vermuten, dass es sich um einen Trick beim Whist handelt, einem Kartenspiel. Tricks werden in diesem Spiel die Stiche genannt, und Trick siebzehn könnte ein Stich sein, der 17 Punkte einbringt.

Eine andere Geschichte rankt sich um einen berühmten Magier aus den 20er Jahren des letzten Jahrhunderts. Er vermachte der Nachwelt sein Zauberbuch, aber eine Seite fehlte. Es war genau jene, auf der Trick siebzehn beschrieben wurde.

Die plausibelste Erklärung, wie der Trick siebzehn seinen Weg in den allgemeinen Sprachgebrauch fand, ist jedoch eine andere: durch Anwendung eines Tricks! Trick siebzehn eben!

Einen Vogel haben

In früheren Zeiten war tatsächlich die Vorstellung verbreitet, dass sich bei psychisch Kranken ein Vogel im Kopf eingenistet habe, und zwar samt Nest, um dort in aller Ruhe zu brüten.

Auf dieselbe Vorstellung gehen auch die Wendungen „Bei dir piept es wohl!" und „Du hast wohl eine Meise unter dem Pony!" zurück, oftmals unterstützt durch die typische Geste, mit dem Zeigefinger an die Stirn zu tippen. Man will ihn damit wissen lassen, dass man seine Äußerungen oder sein Verhalten missbilligt – sehr oft zu beobachten im Straßenverkehr.

Wink mit dem Zaunpfahl

Einen Wink mit dem Zaunpfahl sollte wirklich jeder verstehen, denn es handelt sich dabei um einen deutlichen, wenn auch nur indirekt formulierten Hinweis, eine Mahnung oder eine Warnung: „Dass der Trainer gleich alle Auswechselspieler zum Warmlaufen schickt, ist ein deutlicher Wink mit dem Zaunpfahl für die Spieler."

Warum ausgerechnet mit einem Zaunpfahl gewunken wird, ist nicht ganz klar. Möglicherweise deshalb, weil man früher mit zugespitzten Holzstöcken aufeinander losging, wenn man sich keine anderen Waffen leisten konnte. Furcht einflößend waren diese Instrumente, die gelegentlich an Zaunpfähle erinnerten oder tatsächlich welche waren, allemal.